"El Dr. Camilo Cruz es uno de los escritores y conferencistas más destacados de la industria. Él está destinado a hacer una enorme diferencia a través del mundo entero. La visión, sabiduría y entendimiento que comparte a través de sus libros y presentaciones, producen resultados inmediatos en las vidas de aquellos que las ponen en práctica".

—Mark Víctor Hansen, co-autor de la serie "Sopa de pollo para el alma"

"En La vaca, el Dr. Cruz nos provee estrategias para romper con nuestras limitaciones, recordándonos que cada uno de nosotros es el arquitecto de su propio destino. Yo recomiendo usar sus dinámicos mensajes motivacionales como herramientas para ayudar a los miembros de nuestros equipos a vivir plenamente, desarrollando nuevos compromisos".

—Dino Nasi, Gerente General FEDEX Latinoamérica

"El trabajo del Dr. Cruz es un ejemplo de inspiración y una muestra de esa actitud de nunca darse por vencido. Su habilidad para motivar a otros hacia el logro de sus sueños tendrá un impacto extraordinario en la educación, el liderazgo y el éxito de nuestra comunidad latina".

—Edward James Olmos, actor y co-productor
de Latino Book & Family Festival

"El Dr. Cruz logra conjugar estrategias claras, junto con los últimos descubrimientos en el área del éxito personal y empresarial, en obras profundas pero sencillas de entender que le permiten al lector poner en práctica de manera inmediata estrategias para mejorar cualquier área de su vida".

—Brian Tracy, reconocido autor y consultor empresarial

"Los libros y presentaciones del Dr. Cruz han cambiado la vida de muchas personas, proveyéndoles estrategias claras y sencillas que les permitan mejorar su calidad de vida".

—Diario La Opinión (Los Ángeles)

"No existía un manual para triunfar en Estados Unidos... por lo tanto el Dr. Cruz decidió escribirlo".

—Keep Walking Fund

"Yo encuentro los libros del Dr. Cruz en todas partes. Lo he invitado a mis programas para que nos diga cómo triunfar porque creo que quien logra su sueño americano puede triunfar en cualquier parte".

—Don Francisco - Univisión

"Quiero expresarle mi aprecio ya que al igual que usted, yo también creo en la imperiosa necesidad de empoderar a nuestros jóvenes con las actitudes positivas que les permitan construir su futuro y aceptar el 100% de la responsabilidad por su éxito. El concepto de convertirnos en arquitectos de nuestro propio destino que presenta en su libro, es algo que todo joven debería aprender".

—Bert Foti, Presidente del Club Rotario de Puerto Rico

"El libro del Dr. Cruz tuvo un profundo impacto en mi vida y me motivó a empezar una empresa que hoy opera en varios países. Gracias por tomarse el tiempo para escribir libros que realmente inspiran a miles de personas a utilizar el máximo de su potencial".

—Wenceslao Casares, fundador de Patagon.com

"Como ejecutivo de una corporación internacional, lograr equilibrio en la vida no es siempre fácil. Leí La vaca (Once Upon a Cow) en un punto en el cual tuve que comprometerme con un estilo de vida más saludable. La perspicacia del Dr. Cruz me ayudó a deshacerme de las excusas que me estaban deteniendo. Actualmente disfruto viviendo mucho más saludablemente, paso más tiempo con mi familia, y continúo teniendo éxito en mi profesión".

—Hannes Hunschofsky, Presidente de Hoerbiger Corporation of America

"Después de posponerlo por varios días, finalmente decidí leer este libro. Reía al leerlo porque me daba cuenta que había usado la mayoría de las excusas que se mencionan en cada capítulo. No me parecían justificaciones en su momento, pero verlas en blanco y negro me hizo sentir casi avergonzado. Algunas hasta las he compartido con otros como si fueran buenos consejos. En mi caso, posponer mis asuntos ha sido siempre mi mayor problema. Ahora me doy cuenta lo fácil que es convertirse en esclavo de excusas y justificaciones que terminamos utilizando, casi sin percibirlas. Y por triviales que parezcan, ahora entiendo que todas tienen consecuencias. Pretendo hacer la lista de todas mis vacas y comenzar rápidamente a deshacerme de ellas".

—Charley Harrison, Director General de la firma
HMA Business Development Advisory

"Señores, vamos a jugar un mundial: ¡Maten sus vacas! Estas fueron las palabras del director técnico de la selección ecuatoriana de fútbol a su plantel de 23 jugadores, cuando les regaló a cada uno el libro La vaca para que lo leyeran antes de salir para el campeonato mundial.

—Luis Fernando Suárez, Director Técnico,
selección de fútbol del Ecuador

La Vaca

Una historia sobre cómo deshacernos
del conformismo y las excusas
que nos impiden triunfar

Dr. Camilo Cruz

TALLER DEL ÉXITO

Publicado por:

Taller del Éxito, Inc.
1669 N.W. 144 Terrace, Suite 210
Sunrise, Florida 33323
Estados Unidos

Editorial dedicada a la difusión de libros y audiolibros de desarrollo personal, crecimiento personal, liderazgo y motivación.

Diseño de carátula y diagramación: Diego Cruz
Undécima edición impresa por Taller del Exito 2011

ISBN 10: 1-607380-71-4
ISBN 13: 978-1-60738-071-9

Printed in Colombia
Impreso en Colombia por D´vinni S.A.

12   13   14   15   16   R|CD   40   39   38   37   36

*A mi familia; su apoyo incondicional me ha
ayudado a deshacerme de muchas de mis vacas.
Con amor y paciencia me perdonan las que aún
tengo y me alientan para continuar en la difícil
tarea de liberarme de todas mis limitaciones.*

*A todo el equipo de colaboradores del Taller de
Éxito, quienes son los responsables del éxito que ha
tenido esta obra. Más de dos millones de personas
alrededor del mundo les agradecen su dedicación
y compromiso con la hermosa misión de construir
mejores seres humanos.*

*A todos los lectores que con sus historias personales
de éxito confirman el gran futuro que les espera a
todos aquellos que decidan deshacerse de sus vacas.
Este libro es un brindis a sus triunfos y a su decisión
de llevar una vida libre de excusas.*

CONTENIDO

PRÓLOGO

D urante casi tres décadas he escrito y habla-
do sobre el éxito. ¿Qué es y qué necesitamos
para lograrlo? ¿A qué se debe que algunas personas lo
alcanzan casi sin esfuerzo, mientras que otras no con-
siguen acercarse a él a pesar de trabajar arduamente?

Estos años me han enseñado que todos los triunfadores comparten algo en común: no tienen excusas,
ni buscan justificar ante los demás la razón por la cual
las cosas no están como ellos quisieran. No se quejan
de sus circunstancias, ni inventan disculpas para explicar por qué no han alcanzado sus metas. Las personas exitosas simplemente actúan y hacen lo necesario
para que sus planes se cumplan; no siempre triunfan
al primer intento, pero nunca se dan por vencidas. Si
tropiezan, se ponen de pie nuevamente y emprenden
con renovado entusiasmo su camino en pos de los objetivos que persiguen.

Lo cierto es que el fracaso no es el enemigo del éxito, como muchos piensan. Es más, las caídas suelen
traer consigo grandes enseñanzas. Como afirma el Dr.
Cruz, el verdadero enemigo del éxito es la mediocridad. Aspiramos a la grandeza pero nos contentamos

con segundos lugares; queremos vivir al máximo pero terminamos conformándonos con sobrevivir. Encontramos una zona de comodidad, nos acostumbramos a ella y dejamos pasar de largo las oportunidades para disfrutar la mayoría de todo lo hermoso que la vida nos ofrece.

Una de las lecciones más importantes que he aprendido es que, para lograr resultados espectaculares, primero tenemos que deshacernos de todas las excusas que nos impiden utilizar nuestro verdadero potencial.

Como autor, he podido darme cuenta de cómo, a lo largo de los últimos diez años, hemos entrado en la era de las metáforas. Muchos de los mejores libros de crecimiento personal y profesional de estos tiempos han sido escritos a manera de sencillas historias que ilustran la importancia de ciertas actitudes que debemos adoptar si queremos triunfar. Este extraordinario libro de mi amigo Camilo Cruz es, sin lugar a dudas, una de las mejores metáforas que he leído sobre cómo deshacernos de la mediocridad y el conformismo.

La vaca nos muestra de manera clara y categórica lo que puede suceder si permitimos que nuestra vida se rija por las excusas. La vaca simboliza toda excusa, hábito, pretexto o justificación que nos impide vivir plenamente. Esta maravillosa historia seguramente cautivará el corazón de sus lectores y los retará a eliminar sus pretextos, o como Camilo lo escribe: "...*A matar sus vacas*".

La verdad es que todos cargamos con más vacas de las que estamos dispuestos a admitir. Son justificaciones con las que buscamos convencernos a nosotros mismos y a los demás de que las circunstancias no están tan mal como parecen; disculpas que frecuentemente utilizamos para explicar por qué no estamos haciendo lo que deberíamos. Este libro no sólo te mostrará lo que te espera cuando finalmente decidas deshacerte de estas creencias limitantes, sino que te presentará, paso a paso, una estrategia para construir una vida en la que toda meta es posible.

Camilo está destinado a ejercer una enorme diferencia en el mundo a través de sus obras. La sabiduría, profundidad y perspicacia de sus enseñanzas, les permite a los lectores poner en práctica inmediatamente las estrategias a seguir para cambiar su vida.

Espero que esta historia te ayude a tomar la decisión de desterrar el conformismo y aceptar el reto de matar todas las vacas que has cargado sobre tus hombros, de manera que vivas libre de mediocridad, dispuesto a aceptar los logros reservados para aquellas personas que se atreven a soñar en grande.

Mark Victor Hansen,
co-autor de la serie
Sopa de pollo para el alma

INTRODUCCIÓN

"Creo que mi vaca mayor, era que mi vida se había convertido en una búsqueda constante de culpables por mis fracasos. Me había convertido en un experto para identificar a los responsables de todo lo malo que me ocurría. Después de leer La vaca entendí que yo soy el único responsable de lo bueno o lo malo que me suceda. Estoy seguro que nuestro continente sería otro sin tanta vaca que nos ayuda a justificar nuestra pobreza, y por ende, nos mantiene atados a la miseria".

—Alejandro, Bolivia

*D*e la misma manera que un pintor o un compositor en ocasiones obtiene su inspiración de la naturaleza que lo rodea, los autores, particularmente en el área del desarrollo personal, encontramos gran inspiración en nuestra continua interacción con la gente.

Recuerdo que en cierta ocasión desarrollé un seminario basado en un aforismo atribuido a Albert Einstein que alguien compartió conmigo durante el lanzamiento de uno de mis libros. Yo concibo estos destellos de sabiduría que me comparten, como catalizadores cuyo propósito es liberar mi capacidad creativa. Por esta razón los acepto con gran aprecio. Algunas veces, es suficiente una sola palabra o una simple idea para que un nuevo capítulo comience a tomar forma en mi mente.

Siempre he tenido la buena fortuna que, cuando las personas se enteran que soy escritor, se sienten motivadas a contarme anécdotas, historias y leyendas que les dejaron alguna enseñanza. Me hablan de aquellos libros o autores que más los han conmovido o inspirado, lo que para mí, siempre ha sido un caudal extraordinario de nuevas ideas.

La historia de la vaca la escuché por vez primera de una encantadora dama a quien, para fortuna mía, le correspondió el asiento contiguo, en un vuelo nocturno que realizaba de Nueva York a Buenos Aires. En estos viajes tan largos, o duermes o acabas conversando con quien tienes a tu lado. Así que, después de hablar con ella sobre nuestras profesiones, lo mucho que viajábamos, y después del acostumbrado intercambio de tarjetas de presentación, conversamos sobre el motivo que nos llevaba a Argentina.

Fue allí, en la confortable cabina de un moderno Boeing 777, mientras sobrevolábamos algún lugar de Suramérica, a eso de la una de la madrugada, que escuché por primera vez la trágica —y feliz— historia de la vaca. Debo agregar, que a partir aquella ocasión, y especialmente desde que comencé a compartirla en mis charlas, han llegado a mí diferentes versiones de la misma.

Por supuesto que lo que estoy presentando aquí es mi propia versión de los acontecimientos. Debo advertir que todo parecido con hechos o personajes reales es pura coincidencia —aunque quizás totalmente intencionado.

Lo interesante es que cuando la escuché por primera vez, la historia no tomó más de dos o tres minutos. Sin embargo, después de compartirla cientos de veces, comencé a notar que cada vez se extendía un poco más y se tornaba más interesante, aparecían nuevos personajes, surgían nuevas tramas y enseñanzas, y se tornaba mucho más compleja. Fue así como durante una conferencia, uno de los asistentes se me acercó a pedirme el favor que le enviara por correo un breve recuento de la historia para compartirla con sus colaboradores.

En esa ocasión me tomó poco más de dos horas contarla, así que decidí hacer algo mejor que mandarle un apresurado resumen de esta espectacular metáfora; decidí —de una vez por todas— escribir la trágica historia de la vaca.

¡Así nació *La vaca*!

Con mucho entusiasmo me di a la tarea de descubrir todos los retos que nos plantea esta gran metáfora y articularlos de tal manera que cada lector pudiera sacar sus propias conclusiones. Un año después, una vez terminado el libro, decidí publicar la primera edición como libro electrónico (*e-book*) para poder evaluar rápidamente la respuesta de los lectores. Los resultados fueron sorprendentes, en menos de cuatro meses más de un cuarto de millón de personas de 106 países bajaron el libro de Internet.

Por supuesto que mi intención no era simplemente que obtuvieran el libro sino que lo leyeran. Así que decidí enviarles un correo electrónico a todas aquellas personas que lo habían adquirido, preguntándoles, no si habían leído el libro —la experiencia me ha enseñado que la mayoría de las personas siempre responden de manera afirmativa, así lo único que hayan hecho sea ojear la carátula— sino si lograron deshacerse de alguna de sus vacas. La respuesta fue igualmente sorprendente. En sólo una semana más de diez mil personas se animaron a compartir las excusas y justificaciones —vacas— de las que se deshicieron.

Muchas de ellas le dieron un vuelco total a sus vidas como resultado de enfrentar, de una vez por todas, las creencias limitantes que cargaron durante largo tiempo. No sólo eso, sino que ellas querían que sus experiencias personales les sirvieran de ejemplo a otros y por ello accedieron a que fueran publicadas en esta nueva edición. Como podrás apreciar, todas estas historias nos muestran a un grupo de personas no muy diferentes a ti o a mí que, sencillamente, tomaron la decisión de vivir de manera extraordinaria.

La historia de la vaca es un relato sobre cómo librarnos de los hábitos, excusas y creencias que nos mantienen atados a la mediocridad. Siempre he creído que el verdadero enemigo del éxito no es el fracaso, como muchas veces pensamos, sino el conformismo.

Las caídas y los fracasos, en general, son simplemente parte del camino que nos lleva a la realización de nuestras metas. Ellos nos dan la oportunidad de aprender importantes lecciones y nos permiten reconocer hábitos que debemos cambiar y conductas que necesitamos corregir. Seguramente, todos podemos recordar fracasos y caídas que sufrimos en algún momento, después de los cuales emergimos más fuertes, más sabios y mejor preparados para enfrentar las dificultades. Es indudable que las adversidades engendran éxito.

La mediocridad, de otro lado, no nos enseña ninguna lección. No hay nada que podamos aprender de ella. Es más, cuando nos contentamos con llevar una vida mediocre, el proceso de aprendizaje suele detenerse. Es por esta razón que reitero una y otra vez que el verdadero enemigo del éxito, aquel que debemos evitar a toda costa, es el conformismo.

Muchos le huyen al fracaso como si fuese una plaga que deben evitar a cualquier precio. Han aprendido a temerles tanto a las caídas, que en su afán por evitarlas, terminan por contentarse con segundo lugares, con tal de eliminar todo riesgo que les pueda ocasionar un revés. Obviamente, no se trata de actuar como si no nos importara si triunfamos o fracasamos. Sin embargo, en lugar de desperdiciar el tiempo tratando de evitar cualquier caída, lo que debemos hacer es eliminar todas las excusas y las falsas creencias que conducen a la mediocridad, entendiendo que los tropiezos y las caídas son parte integral del camino al éxito.

Mi intención al compartir contigo esta metáfora es que puedas observar los efectos tan devastadores que el conformismo tiene sobre nuestra vida, y que logres apreciar los grandes cambios que ocurren cuando finalmente decidimos deshacernos de todas nuestras excusas. No obstante, me gustaría que fueras tú mismo quien encontraras las enseñanzas que se desprenden de esta extraordinaria historia. Y aunque, es probable que a estas alturas aún te sea imposible entender plenamente el significado de la siguiente afirmación, si cuando termines de leer este libro descubres que no aprendiste nada, pues... ¡Esa es tu vaca!

CAPÍTULO UNO

La trágica y feliz historia de la vaca

"*Este libro transformó por completo mi manera de ver la vida. Después de observar lo que he logrado hasta ahora, me doy cuenta que pude haber hecho más si no hubiese tenido la vaca de sentirme conforme con lo poco que he conseguido. A pesar de mi gran potencial, he desperdiciado una gran parte de mi vida en excusas, tales como: 'Mis padres no me apoyaron lo suficiente y por eso yo batallé tanto para terminar mi carrera' o 'Los problemas económicos en mi familia nunca me han permitido lograr mis metas'. Cuando viví en el extranjero, me escondí tras las vacas de '¿Cómo voy a sobresalir aquí, si este no es mi país?' o 'Aquí no quieren a los extranjeros'. La lección más importante que he aprendido es que no hay obstáculo más grande que 'yo misma' y que siempre seré lo que yo quiera ser*".

Liliana, México

Cuentan quienes fueron testigos de esta historia, que en cierta ocasión un sabio maestro deseaba enseñar a uno de sus jóvenes estudiantes la clave para llevar una vida próspera y feliz. Conocedor de los muchos retos y dificultades que enfrentan los seres humanos en su búsqueda por la felicidad, el anciano pensó que la primera lección que el joven debía aprender era el porqué muchas personas viven encadenadas a una vida de conformismo y mediocridad, llevando existencias apenas tolerables, incapaces de sobreponerse a los obstáculos que les impiden alcanzar el éxito.

Sabía que para entender esta importante enseñanza, el muchacho debía ver por sí mismo lo que sucede cuando permitimos que la mediocridad se apodere de nuestra vida. Así que decidió salir esa misma tarde en busca del lugar más ruinoso y desolador de toda la provincia. Ese sería su salón de clase.

Después de caminar largo tiempo encontraron el vecindario más empobrecido que habían visitado en toda la región. Sus habitantes parecían resignados a su suerte, permitiendo que la inopia se adueñara de sus vidas. Una vez allí, los dos hombres se dieron a la tarea de buscar la más pobre de todas las viviendas, en la cual —por sugerencia del maestro— pedirían posada para pasar la noche.

Hacia el final de la tarde llegaron a las afueras del pueblo y allí, en la parte más alejada del pequeño caserío, en medio de un terreno baldío y lleno de desperdicios y basuras, se detuvieron ante el rancho más triste y desvencijado que habían visto hasta entonces.

Aquella casucha a medio derrumbarse, sin duda alguna pertenecía a la más necesitada de todas las familias de aquel vecindario. Sus paredes se sostenían en pie de milagro, aunque amenazaban con venirse abajo en cualquier momento; el improvisado techo dejaba filtrar el agua por todas partes y la basura y los desperdicios se acumulaban a su alrededor dándole al lugar un aspecto aún más decadente y repulsivo.

El dueño, un tanto alarmado por la presencia de los dos forasteros, salió apresurado a su encuentro. No era común hallar viajeros por esas tierras olvidadas, y menos aún aquellos cuya apariencia contrastaba tanto con la indigencia y penuria del lugar.

— Saludos buen hombre —dijo el maestro buscando tranquilizarlo— ¿Será posible para dos cansados viajeros encontrar posada en su hogar esta noche?

El hombre los observó con curiosidad, tratando de adivinar sus intenciones. Aunque era una persona serena y apacible, la adversidad lo había vuelto cauteloso y desconfiado, y la presencia de dos extraños era suficiente para poner en alerta hasta a la persona menos precavida. Sin embargo, algo en la mirada sosegada del viejo le dio tranquilidad.

— Saludos —respondió, aún sin mucha efusividad— parece que han extraviado su camino.

Los tres hombres platicaron un buen rato, y poco a poco, las palabras del anciano se encargaron de disipar las sospechas y temores del dueño de casa. Después de varios minutos de animada conversación, los invitó a pasar.

Cuando entraron, su sorpresa fue grande al encontrar que en aquella casucha de apenas diez metros cuadrados vivían seis personas. El hombre, su esposa y cuatro hijos se las arreglaban para acomodarse de la mejor manera posible en tan reducido espacio.

Sus ropas viejas y remendadas, y la suciedad que ceñía sus cuerpos, eran clara evidencia de la profunda miseria que ahí reinaba. Sus miradas apagadas y sus cabezas bajas eran señal de que la pobreza no sólo se había apoderado de sus cuerpos sino que también había encontrado albergue en su mente.

No parecía haber ningún objeto de valor —pensó el discípulo, asombrado de la indigencia total que se había apoderado del lugar—. Sin embargo, al salir nuevamente de la casa, para sorpresa suya, descubrió que en medio de aquel estado de penuria y dejadez, la familia contaba con una posesión extraordinaria bajo tales circunstancias: eran dueños de una vaca.

El animal no era gran cosa, pero la vida de aquella familia parecía girar en torno a él: "Hay que darle de comer a la vaca", "Asegúrese que la vaca ha bebido suficiente agua", "¿Está atada la vaca?", "Es hora de ordeñar la vaca". Ciertamente la vaca jugaba un papel de gran prominencia en la vida diaria de sus dueños a pesar que la poca leche que producía, escasamente era suficiente alimento para sobrevivir.

No obstante, la vaca parecía servir a un propósito mucho mayor: era lo único que los separaba de la miseria total. En un lugar donde el infortunio y la escasez eran el pan de cada día, tal posesión les había permitido ganarse, no sólo el respeto, sino la envidia, de sus vecinos.

Esa noche los dos hombres durmieron allí, en medio de la privación y el desorden reinante. El sueño sorprendió al muchacho tratando de intuir el momento exacto en que aquella familia dejó de luchar por una mejor vida y llegó a convencerse a sí misma que aquel rancho y las condiciones infrahumanas en que subsistían eran a todo a lo que podían aspirar.

Al día siguiente, muy temprano, asegurándose de no despertar a nadie, el maestro y su aún sorprendido discípulo, se dispusieron a continuar su camino. Después de darle una última mirada al lugar, tratando de llevarse consigo una imagen mental de la desolación de la cual fue testigo durante su corta estadía, el joven abandonó la morada sin estar seguro de haber asimilado la lección que su maestro había pretendido enseñarle.

Una vez afuera, antes de emprender la marcha, el sabio anciano le dijo en voz baja:

— Es hora que aprendas la lección que nos trajo a estos parajes.

La afirmación tomó por sorpresa al estudiante, quien aún no veía el beneficio de haber pasado una incómoda noche que, si bien puso de manifiesto los resultados de una vida de conformismo y mediocridad, no lo llevó más cerca de descubrir el origen de tal estado de abandono. Esta era la verdadera lección —el maestro lo sabía y había llegado el momento que su joven discípulo la aprendiera.

Lentamente, el anciano caminó en dirección al lugar donde se encontraba atado el animal, a no más de treinta metros de la vivienda. Y allí, ante la incrédula mirada del joven, y sin que este pudiera hacer nada para evitarlo, súbitamente sacó una daga que llevaba en su bolsa y con un movimiento rápido y certero proporcionó al animal una mortal herida que ocasionó que este se derrumbara instantáneamente y sin hacer mayor ruido.

— ¿Qué has hecho? —murmuró el muchacho horrorizado, tratando angustiadamente de no despertar a la familia—. ¿Qué clase de lección es esta que deja a una familia en la ruina total? ¿Cómo has podido matar esta pobre vaca que era su única posesión? ¿Qué sucederá con ellos ahora?

Sin conmoverse ante la angustia o los interrogantes de su compañero de viaje, el anciano se dispuso a continuar la marcha, dejando atrás la macabra escena y a una familia obligada a enfrentar un futuro incierto y la posibilidad de una miseria aún mayor. Por su parte, el muchacho no lograba descifrar el significado de lo que acababa de observar. Le perturbaba la aparente indiferencia de su maestro por la suerte de aquellas personas y la certeza de saber que lo ocurrido esa madrugada había condenado a muerte a una humilde gente que les habían brindado todo lo que tenían.

En los días que siguieron le asaltaba una y otra vez la nefasta idea de que sin la vaca, la familia seguramente moriría de hambre. ¿Qué otra suerte podía correr tras perder su única fuente de sustento?

El tiempo pasó y poco a poco fue borrando el recuerdo de aquel trágico episodio. Sin embargo, cuando todo parecía olvidado, una tarde su maestro le sugirió retornar a aquel paraje para descubrir cómo había sorteado aquella familia lo ocurrido. La sola mención del suceso —aparentemente perdido en su memoria— trajo a su mente de nuevo el sinsabor de un evento que, aún después de todo ese tiempo, seguía sin entender.

Una vez más pasó por su mente el siniestro papel que ellos jugaron en la infeliz suerte de aquella pobre gente. ¿Sobrevivieron al duro golpe? ¿Pudieron empezar una nueva vida? ¿Cómo los encararía después de lo sucedido? A regañadientes el joven aceptó, y a pesar de todas las dudas que pesaban en su corazón emprendió el viaje de regreso en compañía de su maestro.

Después de varios días los dos viajeros llegaron de nuevo al caserío, pero sus esfuerzos por localizar la humilde vivienda fueron vanos. El lugar parecía ser el mismo, pero donde un año atrás se encontrara la casucha, ahora se levantaba una casa grande que daba la impresión de haber sido construida hacía poco. Se detuvieron para observarla a la distancia, para asegurarse de estar en el mismo lugar. No había duda.

De repente, el muchacho tuvo el sombrío presentimiento de que la muerte de la vaca había sido un golpe demasiado duro para la pobre familia. ¿Qué habría sucedido con ellos? —Se preguntó, y el recuerdo de aquel terrible día le produjo nauseas—. Tal vez se vieron obligados a abandonar el lugar y alguien, con mayores recursos, se adueñó de él y construyó esta nueva vivienda. ¿A dónde habrían ido a parar? Acaso fue la pena moral la que los doblegó.

Todo esto pasaba por la mente del estudiante mientras se debatía entre el deseo de acercarse a la casa para indagar por la suerte de sus antiguos moradores, o continuar su viaje y así evitar la confirmación de sus peores sospechas.

Cuál no sería su sorpresa cuando de su interior vio salir al mismo hombre que un año atrás les diera posada. En un comienzo pareció no reconocerlo, pero era claro que se trataba de la misma persona.

Sin embargo, algo había cambiado de manera radical —advirtió mientras saludaba a su viejo anfitrión—; sus ojos tenían un brillo inusual, vestía ropas limpias, y su amplia sonrisa indicaba que algo significativo había sucedido. ¿Cómo era esto posible?

— Hace un año, durante nuestro breve paso por aquí fuimos testigos de la inmensa pobreza en la que ustedes se encontraban —señaló sin medir la imprudencia de sus palabras—. ¿Qué ocurrió durante este tiempo para que todo cambiara?

Ignorante del papel que los dos hombres habían jugado en la muerte de su vaca, los invitó nuevamente al interior de su hogar, donde se dispuso a relatarles los pormenores de una historia que cambiaría para siempre la vida del joven estudiante. Les detalló como el mismo día de su partida, algún maleante, envidioso de su escasa fortuna, degolló salvajemente a su pobre animal.

— Les confieso que la primera reacción cuando nos mataron nuestra vaquita fue de desesperación y angustia. Por mucho tiempo, la leche que producía fue nuestro único sustento. Sin embargo, poco después de aquel trágico día nos dimos cuenta que a menos que hiciéramos algo rápidamente nuestra propia vida estaría en peligro...

— Pero ¿cómo lograron llegar a donde están hoy? —interrumpió el muchacho con impaciencia.

— ¡La necesidad! —dijo recordando esos primeros días en que debió recurrir a la caridad de otras personas— Necesitábamos buscar cómo alimentar a nuestros hijos. No podíamos esperar, así que despejamos un pedazo de tierra, conseguimos algunas semillas y sembramos hortalizas y legumbres para tener que comer —el estudiante esperaba con ansiedad el desenlace de aquel relato, en donde suponía, se encontraba la lección que le había sido imposible comprender un año atrás.

Pasado algún tiempo, la granja comenzó a producir más de lo que necesitábamos para vivir, así que decidimos venderles algunos vegetales que nos sobraban a nuestros vecinos y con esas ganancias compramos más semillas. A los pocos meses se nos ocurrió la idea de vender el sobrante de la cosecha en el mercado del pueblo. Y en ese momento comencé a ver una oportunidad: por qué contentarnos con sobrevivir, cuando este podía ser el comienzo de una nueva vida —el hombre calló, abrumado por la emoción que aún le producía el recuerdo de aquel instante en el que su vida dio aquel giro inesperado.

— ¿Qué ocurrió después? —lo animó a seguir el sabio anciano, quien en silencio observaba el interés con que su fascinado discípulo escuchaba las palabras del hombre.

— ¡De repente sucedió! —exclamó el dueño de casa con gran alegría— Por primera vez tuvimos el dinero suficiente para pensar en vivir mejor, así que arreglamos un poco más la granjita hasta que, con el tiempo, pudimos tumbar el rancho que ustedes conocieron y construir esta casa. A veces, ni yo mismo creo las sorpresas tan inesperadas que este año nos ha traído. Es como si la trágica muerte de nuestra vaca, nos hubiese abierto las puertas a una nueva vida.

El joven escuchaba atónito el increíble relato. Finalmente entendió la lección: lejos de significar el final de la familia, la muerte del animal fue el comienzo de una vida de nuevas y mayores oportunidades.

Los tres hombres continuaron departiendo unos momentos más. El estudiante no lograba salir de su estado de absoluta incredulidad. Todo este tiempo pensando en el gran mal que sus acciones le habían causado a esta humilde familia, cuando en realidad les significaron una oportunidad para mejorar sus circunstancias.

Como si hubiese podido leer sus pensamientos, el anciano aprovechó una momentánea ausencia de su anfitrión y le preguntó en voz baja:

— ¿Crees que si esta familia aún tuviese su vaca, habría logrado todo esto?

— Seguramente no —respondió el muchacho sin ningún titubeo.

— ¿Comprendes ahora? La vaca que ellos consideraban como su posesión más valiosa —lo único de valor a su haber— era en realidad una cadena que los mantenía atados a una vida de conformismo y mediocridad.

— Y cuando ya no pudieron contar más con la falsa seguridad que les daba sentirse poseedores de algo, así sólo fuera una pobre vaca, tomaron la decisión de esforzarse por buscar algo más, por ver más allá de sus circunstancias presentes.

— ¡Exactamente! —asintió reconociendo que su joven discípulo comenzaba a entender la lección—. Así sucede cuando logras convencerte que lo poco que tienes es más que suficiente. El conformismo se apodera de tu vida y se convierte en una cadena que no te permite buscar algo mejor. Sabes que no eres feliz con lo que posees, pero tampoco eres totalmente miserable. Estás frustrado con la vida que llevas, pero no lo suficiente como para cambiarla. ¿Ves lo trágico de esta situación?

Lo mismo ocurre si tienes un empleo que no te gusta, no te trae ninguna satisfacción, y con el que además no logras cubrir tus necesidades económicas mínimas; es fácil dejar un trabajo así y buscar uno mejor. Pero ¿qué sucede si ese trabajo que no te entusiasma, te alcanza para cubrir tus necesidades básicas, así esté lejos de brindarte la calidad de vida que realmente anhelas para ti y tu familia?

— Que nos resulta cómodo sentirnos conformes con lo poco que tenemos —respondió el estudiante reconociendo finalmente el origen de la pobreza que había visto un año atrás—. Es fácil caer en la trampa de sentir que debemos estar agradecidos de por lo menos contar con algo. Después de todo, hay muchos otros que no tienen nada y ya quisieran contar con ese trabajo.

— ¿Entiendes ahora? Al igual que aquella vaca, esta actitud conformista nunca te permitirá progresar. A menos que te liberes de ella, no podrás experimentar un mundo distinto al actual. Estás condenado a ser víctima de por vida de estas limitaciones que tú mismo te has encargado de establecer. Es como si hubieses decidido vender tus ojos y conformarte con tu suerte —el muchacho escuchaba absorto las apreciaciones que su maestro le hacía—. Todos tenemos vacas, y llevamos a cuestas creencias, excusas y justificaciones que nos mantienen atados a la mediocridad; cargamos con pretextos y disculpas para tratar de explicar el porqué no estamos viviendo como queremos. Y lo peor de todo es que tratamos de engañarnos con excusas que ni nosotros mismos creemos, las cuales nos dan un falso sentido de seguridad, cuando frente a nosotros se encuentra un mundo de oportunidades que sólo podremos apreciar si decidimos deshacernos de nuestras limitaciones.

— Qué gran lección —murmuró el joven aprendiz e inmediatamente comenzó a reflexionar sobre sus propias vacas—. Durante el resto del viaje se propuso identificar todas las excusas que hasta entonces lo habían mantenido atado a la mediocridad. Determinó que en adelante no le daría cabida en su mente a nada que le impidiera utilizar su verdadero potencial.

Aquel día marcó un nuevo comienzo: ¡Una vida libre de vacas!

....

CAPÍTULO DOS

No todas las vacas mugen como vacas

....

"Como muchas personas en mi país, actualmente estoy desempleado. Al leer el libro me di cuenta del corral de vacas que venía cargando: 'El mercado está duro', 'Hay demasiada competencia', 'No tengo capital de trabajo', 'A esta edad es difícil cambiar' y otra serie de vacas que me tenían atado a la mediocridad. Gracias a esta lectura he visto una luz al final del túnel y poco a poco he echado a andar mi creatividad –Oh sorpresa— finalmente, otra vez estoy trabajando en mi futuro en lugar de quejarme de mi pasado".

José Carlos González, Perú

*A*l igual que con muchos otros malos hábitos, la gran mayoría de nuestras vacas suelen pasar inadvertidas, y gracias a ello ejercen un enorme poder sobre nosotros. Pocas personas admiten que dan excusas. Increíblemente, no son conscientes del sinnúmero de pretextos y justificaciones que utilizan a diario, ya que para ellas, sus razonamientos, lejos de ser disculpas, son explicaciones legítimas de circunstancias que —curiosamente— parecen siempre estar fuera de su control.

Para algunos, por ejemplo, no es que ellos "lleguen consistentemente tarde a todo", sino que prefieren "llegar con un pequeño retraso", para evitar ser los primeros; para otros, ellos extrañamente, son siempre las víctimas del "tráfico impredecible".

¿Ves la manera tan fácil como racionalizamos nuestros malos hábitos? Los pretextos los convertimos en "explicaciones lógicas"; los miedos preferimos llamarlos "precauciones acertadas" y las pobres expectativas han pasado a ser "una manera más realista de ver la vida".

Nos negamos a aceptar que estemos conformándonos con segundos lugares, y preferimos pensar que lo que estamos haciendo es "ser prácticos para evitar decepciones mayores". Nunca admitiremos ser mediocres; preferimos pensar que lo que estamos haciendo es "establecer niveles más aceptables de rendimiento".

Esta es la razón por la cual a muchos les es difícil aceptar que estén cargando alguna vaca. Para ellos, sus justificaciones no suenan a excusas. ¿Por qué? Es sencillo, no todas las vacas mugen como vacas; ellas vienen disfrazadas de diferentes formas que las hacen menos reconocibles y más aceptables.

Después de compartir esta historia con cientos de miles de personas de todas partes del mundo, y de escuchar sus "explicaciones lógicas y razonables", he llegado a la conclusión que muchos de nosotros simplemente no estamos dispuestos a considerar la idea de deshacernos de nuestras vacas. Preferimos llamarlas de mil maneras más tolerables y que produzcan menos remordimientos, y eso es justamente lo que las hace tan peligrosas.

Sin duda, suena un poco violento pedirte que "mates tus vacas". Seguramente preferirías que te solicitara que "realizaras un cambio de actitud", que "trataras de modificar tu comportamiento", o que "buscaras eliminar tus malos hábitos". Sin embargo, si quieres triunfar, debes ser totalmente honesto contigo mismo, y referirte a las excusas por sus verdaderos nombres y no por sustitutos más tolerables.

En esta metáfora, la vaca representa todo pretexto, justificación, mentira, racionalización, miedo o falsa creencia, que nos mantienen atados a la mediocridad y nos impiden lograr la calidad de vida que merecemos. En general, toda vaca pertenece a una de estas dos categorías: las *excusas* y las *actitudes limitantes*.

En la categoría de *excusas* se encuentran las justificaciones, pretextos, evasivas, explicaciones racionales, disculpas y las llamadas "mentirillas blancas". De otro lado, la categoría de *actitudes limitantes*, de la cual hablaremos en el siguiente capítulo, está conformada por los miedos, inseguridades, dudas, temores, limitaciones y falsas creencias.

En general, las excusas son simples salidas, escapatorias, que utilizamos en nuestro afán por explicar la desidia y falta de acción; evasivas que en la mayoría de los casos, ni nosotros mismos creemos. Sabemos que no son ciertas y que sólo son una manera fácil de justificar nuestra mediocridad y tratar de quedar bien al mismo tiempo. "Siento haber llegado tarde, el tráfico estaba horrible". Sin embargo, no fue el tráfico lo que hizo que llegásemos tarde. Sencillamente no hicimos un esfuerzo por llegar temprano, y para cubrir este desatino o evitar las críticas, tomamos el camino más fácil: inventamos una excusa. Así que como ves, es claro que dar una excusa significa ser deshonesto con uno mismo o con alguien más.

Sin embargo, por alguna absurda razón, excusas como ésta son socialmente más aceptables que la verdad. Culpamos al tráfico porque no quedaría bien decir que la verdadera razón de la tardanza es que no queríamos perdernos los últimos quince minutos del noticiero o el partido de fútbol. De la misma manera que no llamaríamos a la oficina a decir: "No voy a trabajar el día de hoy porque le prometí a mi hijo que iría a la reunión de padres de familia". En lugar de esto, simplemente llamamos y decimos que estamos enfermos.

No obstante, al igual que con cualquier otra vaca, estamos pagando un precio muy alto por estas excusas socialmente aceptables: saber que no somos lo suficientemente seguros e íntegros como para enfrentar las consecuencias de hablar con la verdad.

¿Excusas yo? ¡Nunca!

Las excusas son las vacas más comunes. Son una forma cómoda de eludir nuestra responsabilidad, encontrando culpables por todo aquello que nunca estuvo bajo nuestro control.

Las excusas son una manera de decir: "Yo lo hice pero no fue mi culpa".

"Reprobé el examen pero la culpa fue del maestro que no nos dio suficiente tiempo para estudiar".

"No he avanzado en mi trabajo pero la culpa es de mi jefe que no aprecia mi talento".

"Fracasé en mi matrimonio pero la culpa fue de mi esposa que no hizo un esfuerzo por comprenderme".

Es posible que lo que estemos tratando de justificar con cualquiera de estas excusas, sea una mala nota en la escuela, un rechazo en una relación, un conflicto en el trabajo, o una crítica. Ahora bien, es natural el tratar de evitar estas situaciones poco placenteras. Sin embargo, debemos entender que evadirlas con una excusa no nos permite enfrentar y corregir el problema subyacente que las ha originado.

Lo triste es que, mientras pensemos que somos las víctimas y que alguien más es el culpable, no haremos nada para remediar dicha situación. Después de todo, no es nuestra culpa.

Hay sólo tres verdades incuestionables en lo que a las excusas se refiere: la primera es que si verdaderamente quieres encontrar una disculpa para justificar cualquier cosa, ten la plena seguridad que la hallarás sin mayor dificultad.

Cuando Samuel tuvo que confrontar la difícil realidad de cambiar drásticamente su dieta alimenticia e implementar un riguroso plan de ejercicio físico para lidiar con la diabetes con la cual fue diagnosticado, encontró suficientes razones para no hacerlo. A pesar que era su vida la que estaba en peligro, se rehusaba a cambiar sus hábitos: "Infortunadamente no tengo suficiente tiempo para ejercitar todo lo que debiera", "Esta es la manera como siempre he comido", "Trabajo hasta muy tarde, lo cual me impide levantarme temprano para ir al gimnasio", "Si comiéramos sólo aquello que es bueno para nuestra salud nos moriríamos de hambre de todas maneras". Samuel llegó al punto de utilizar el insolente adagio que dice: "De algo tenemos que morirnos, ¿no es cierto?" El problema es que ninguna de sus justificaciones le estaba ayudando a controlar su diabetes. Afortunadamente reconoció su falla —mató su vaca— y tomó la decisión de cambiar sus hábitos para lograr una salud óptima.

Infortunadamente, no todas las personas logran hacerlo a tiempo. Recuerdo el caso de un empresario con quien tuve la oportunidad de trabajar hace ya varios años. Era uno de esos fumadores empedernidos que finalmente terminó por aceptar su mal hábito como una de esas situaciones sobre las cuales simplemente no tenía ningún control. Poco antes de morir, víctima de un enfisema pulmonar dijo: "No puedo creer que permití que este absurdo hábito me matara".

Estas dos historias de vida nos muestran que algunas personas están dispuestas a emplear el doble del tiempo en buscar una excusa que las exima de realizar una tarea, que el que realmente les tomaría realizarla.

La segunda verdad sobre las excusas, es que una vez comiences a utilizarlas, ten la plena seguridad que encontrarás aliados. No importa qué tan increíble y absurda sea tu pretexto, vas a encontrar quien lo crea y lo comparta. Tanto así, que las escucharás decir: "Yo sé como te sientes porque a mí me sucede exactamente lo mismo".

Estoy convencido que la razón por la cual muchos tienen el descaro de dar ciertas excusas es porque están absolutamente convencidos que tarde o temprano encontrarán a alguien que las creerá y validará su posición.

Finalmente, la tercera verdad acerca de las excusas, es que una vez las utilices, notarás inmediatamente que nada habrá cambiado. El problema que estabas evitando enfrentar mediante el uso de la evasiva continuará igual. No habrás avanzado hacia su solución sino que, por el contrario, habrás retrocedido. Peor aún, cada vez que utilizas dicha justificación, la llevas un paso más cerca de convertirse en realidad.

Cada vez que dices "no tengo tiempo" buscando justificar el no hacer lo que sabes que debes hacer, pierdes un poco más de control sobre tu tiempo. Pronto comienzas a notar que estás viviendo de manera reactiva, de urgencia en urgencia, sin tiempo para hacer aquello verdaderamente importante para ti. Con cada uso que le des, tu excusa adquiere mayor validez, hasta que termina por ser parte de tu realidad.

Lo interesante es que cuando nos detenemos a evaluar si ideas como el infame "no tengo tiempo" y otras por el estilo, son ciertas o no, descubrimos que son falsedades que han perdurado gracias a que nunca cuestionamos su veracidad. Pero la realidad es que tanto el triunfador como el fracasado cuentan con veinticuatro horas en su día —ni un minuto más, ni un minuto menos—, la única diferencia entre ellos es la manera como eligen utilizar su tiempo.

Indudablemente, las excusas son una manera simple que nos evita enfrentarnos al peor enemigo del éxito: la mediocridad. Así que olvídate de las excusas: tus amigos no las necesitan y tus enemigos no las creerán de todas maneras.

Como dice el dicho...

Un gran número de excusas termina por convertirse en adagios y aforismos que adoptamos como si fueran fórmulas infalibles de sabiduría. La obstinada frecuencia con que se usan y el paso del tiempo las transforman en dichos populares, a pesar de no ser más que mentiras revestidas de una fina capa de algo que se asemeja a la verdad.

Dichos como: *perro viejo no aprende nuevos trucos —o loro viejo no aprende a hablar*, como se conoce en otros países—, *o árbol que crece torcido jamás su rama endereza*, popularizan dos ideas equívocas y absurdas:

hacernos creer que existe una edad después de la cual es imposible aprender algo nuevo, y que hay ciertos hábitos o comportamientos imposibles de cambiar.

Estas dos ideas no sólo nos hacen sentir impotentes, sino que terminan por cegarnos ante la grandeza de nuestra propia capacidad para aprender y cambiar. Lo más curioso en torno a esta clase de vacas, es que muy pocas veces cuestionamos la supuesta enseñanza y sabiduría que encierran. Asumimos que si se han convertido en dichos populares debe ser porque guardan una profunda verdad. No obstante, muchas veces lo que los ha convertido en populares dichos es que son vacas compartidas por un gran número de personas.

¿Te has preguntado si los siguientes refranes encierran alguna verdad, o si sólo son vacas que oportunamente utilizamos para justificar una situación de conformismo que parece afectar a muchos?

- *Es mejor malo conocido que bueno por conocer.*
- *Unos nacen con buena estrella y otros nacimos estrellados.*
- *Lo importante no es ganar o perder sino haber tomado parte en el juego.*
- *Ojos que no ven, corazón que no siente.*
- *Más vale poco que nada.* (¡Qué mejor ejemplo de conformismo!)

- *En boca cerrada no entran moscas.* (Es decir, que quien no habla no yerra. Lo que no te dice es que de boca cerrada tampoco sale ninguna idea).

Examinemos más de cerca algunos de estos populares refranes para apreciar cual es el verdadero precio que estamos pagando por su uso. Imagínate por ejemplo, lo ilógico de decir 'no' a una nueva oportunidad profesional, prefiriendo mantenerte en un trabajo del cual no disfrutas y que no te está llevando a ningún lado, simplemente porque *es mejor malo conocido que bueno por conocer.* Absurdo, ¿no es cierto? Sin embargo, tan insensato como pueda parecerte, muchos utilizan este viejo adagio para justificar su desidia u ociosidad, así el precio por su falta de acción sea una vida de mediocridad.

Ahora, ¿qué piensas de la idea de que para evitar sufrir es mejor vivir en la ignorancia? Porque eso es lo que pregona el abusado refrán: *ojos que no ven, corazón que no siente.* No te imaginas cuántas personas prefieren no ir al médico, a pesar de las dolencias que les están aquejando, por miedo a lo que puedan escuchar por parte de su doctor; o padres que no se atreven a preguntarles a sus hijos si algo anda mal, por temor a lo que vayan a descubrir. Así que optan por vivir en la oscuridad hasta cuando ya es demasiado tarde.

De manera que antes de apresurarte a utilizar cualquiera de estas supuestas "joyas de la sabiduría popular", asegúrate de no estar perpetuando vacas que lo único que logran en tu vida es hacer más llevadero tu conformismo. Después de todo recuerda que *mal de muchos... consuelo de bobos.*

CAPÍTULO TRES

Toda vaca comienza su vida como una mansa ternera

"La vaca que más me estorbaba era la idea de que sólo con el apoyo incondicional de mi familia y mi esposa saldría de mi mediocridad. Necesitaba desesperadamente una palabra de aliento de parte de mi familia que me confirmara que ellos creían en mí. Sin embargo, parecía que lo único que siempre encontraba era su desaprobación, así que optaba por no hacer nada, culpándolos a ellos por mi inactividad —¡Qué vaca!—. Hoy, he decidido dejarme guiar por mi intuición, aceptar la responsabilidad por mis acciones y hacer oídos sordos a todo comentario negativo. Curiosamente, ahora que ya no lo busco, he comenzado a recibir el apoyo de quienes yo deseaba".

Silvano Alberto, México

¿Qué tan reales son las actitudes limitantes —la segunda categoría de vacas a la que nos referimos en el capítulo anterior— para quien las experimenta? Tan absurdas, irracionales y lejanas de la realidad como parezcan, son muy reales para quien las está sintiendo.

Consideremos por ejemplo los temores, una de las actitudes limitantes más poderosas que existen. En muchas ocasiones, aquello que tememos carece de bases y no es más que una mentira que aparenta ser real. No obstante, el miedo que nos produce es tal, que nos puede paralizar y detener para actuar.

Hablar en público es un buen ejemplo de esto. ¿Qué tan serio es esta aprensión para algunas personas? Llega a ser tan intenso, que hablar en público se encuentra mucho más arriba en la lista de los temores más comunes que el mismo miedo a la muerte.

Así lo encuentres absurdo e incomprensible, para muchos hablar frente a un grupo les produce más ansiedad y miedo que la misma idea de morir. Si crees

que estoy exagerando, trata de hacer que se paren frente a un grupo —por reducido que sea— a decir unas
cuantas palabras y observa lo que sucede. Su estado
mental y físico cambia inmediatamente. Comienzan a
sudar, su corazón empieza a latir mucho más rápido y
sus piernas se debilitan al punto de sentir que se van
a desmayar. Así de terrible e intimidante les resulta la
idea de hablar en público. Sin embargo, intenta decirles que lo suyo es irracional, que nada malo sucederá,
y descubrirás qué tan real es este temor para quien lo
está viviendo.

Sin duda alguna, los miedos son una de las peores
clases de vacas que existen. Toman control de nosotros y, literalmente, nos paralizan física y mentalmen-
te. Por esta razón, es vital que actuemos a pesar de la
aprensión y ansiedad que estemos sintiendo, ya que la
acción es la única cura.

Otro tipo de actitud limitante está relacionado
con las justificaciones; las explicaciones con las cuales
tratamos de convencernos a nosotros mismos y a los
demás que la situación no está tan mal como parece
—esto, a pesar que ya no la soportemos ni un minuto más—. Al igual que con las demás vacas, el mayor
problema con las justificaciones es que después de utilizarlas con cierta frecuencia terminamos por aceptarlas como verdades.

Muchas personas derrochan gran cantidad de tiempo justificando y explicando por qué deben continuar en una situación en la cual es obvio que no quieren estar. Prefieren fabricar complejas aclaraciones para justificar quedarse en un mal trabajo, en lugar de hacer lo obvio: conseguir uno nuevo. Y al final, terminan por convencerse a sí mismas que el *status quo* es la mejor alternativa.

Cuando pienso acerca de los efectos devastadores de las justificaciones, recuerdo una mujer que se acercó a mí durante una presentación. Quería que yo le ayudará a desarrollar una mejor actitud hacia su trabajo.

— Cuéntame un poco acerca de lo que haces —le pregunté tratando de descubrir el porqué de su ansiedad.

— ¡Odio mi trabajo! —fueron sus primeras palabras— Mi jefe es un cínico y no aprecia mi labor. Lo peor de todo es que no estoy haciendo aquello para lo cual me preparé. He tratado de ser positiva, pero el solo hecho de pensar en llegar a mi trabajo cada mañana, se ha convertido en una pesadilla.

Después de esto, prosiguió a darme suficientes razones de porqué, tristemente, ella creía que no tenía otra opción más que quedarse ahí. Cuando finalmente me preguntó qué podía aconsejarle para sobrellevar su situación laboral de una manera más positiva, le dije:

¡Renuncia! Busca otro trabajo. Descubre algo que ames hacer.

La sorpresa en su cara dejaba ver que esta no era la respuesta que ella estaba esperando. La verdad, no creo que siquiera fuese una opción que ella hubiese considerado. Le expliqué que la meta nunca debe ser aprender a soportar aquello que detestamos, sino descubrir lo que amamos hacer. La vida es demasiado corta para derrocharla haciendo cosas que odiamos. Como lo explica mi amigo Brian Tracy: "Una de las maneras más comunes de despilfarrar el tiempo es desperdiciando la vida en el trabajo equivocado."

En ocasiones, las actitudes limitantes toman la forma de falsas creencias sobre las propias habilidades, las demás personas, o el mundo que nos rodea — creencias que no nos permiten utilizar nuestro potencial al máximo.

Isabel, a quien tuve oportunidad de conocer en una de mis conferencias en la ciudad de Miami, estaba recién llegada al país, tenía sesenta años y llevaba varios meses tratando de encontrar un trabajo. Contaba con todo un arsenal de creencias sobre lo difícil que le sería tener éxito en su profesión:

— Mi búsqueda de empleo ha sido un fracaso total —y la expresión en su cara se hizo aún más grave al decirlo—. Quizá sea porque nunca he sido buena trabajando con otras personas. Sé que estoy muy vieja y ninguna compañía va a querer contratar a una mujer de sesenta años con un fuerte acento como el mío...

Durante varios minutos Isabel se aseguró de presentarme un sinnúmero de argumentos de porqué le sería imposible encontrar un buen trabajo. Hacia el final de la conversación me enteré que durante todo este tiempo, ella únicamente se presentó a solicitar trabajo en una empresa en la cual no fue aceptada.

¿Qué hago Dr. Cruz?

Algo me dijo que esta no era la primera vez que Isabel relataba esta historia de desencanto. Es más, estoy seguro que ya la había compartido un par de cientos de veces antes de llegar a mí. Por esta razón le dije:

— Primero, quiero que dejes de contar esta historia, y segundo, esperemos a que recibas cien rechazos antes de referirnos a tu búsqueda de trabajo como un fracaso total, ¿de acuerdo? Sólo cuando hayas recibido cien rechazos nos preocuparemos por encontrar una nueva estrategia de búsqueda de empleo.

Tres meses más tarde, en otro evento, Isabel hizo su aparición de nuevo. Avanzó hacia mí abriéndose paso entre la gente, y con una voz llena de orgullo y entusiasmo me dijo:

— ¡Dos! No tuve que recibir más que dos rechazos antes de encontrar un gran trabajo. Llevo dos meses y medio en él y estoy muy contenta. —Isabel parecía una nueva persona, y se veía muy feliz y segura de sí misma.

Esta es una muestra de lo que sucede cuando nos liberamos del enorme peso de cargar con tantas vacas a cuestas.

Como ves, las vacas suelen adoptar formas y disfraces que dificultan que las reconozcamos como tales. Lo cierto es que a pocas personas les gusta admitir que tienen vacas. Prefieren aceptarlas como cargas ineludibles que el destino ha depositado sobre sus hombros, sobre las cuales ellas tienen muy poco o ningún control. En general, toda idea que te debilite, que te proporcione una excusa o te ofrezca una escapatoria para eludir la responsabilidad de lo que debes hacer, seguramente es una vaca. Y de la misma manera que muchas grandes mentiras comienzan como una simple *mentirilla blanca*, las vacas descomunales con las que a veces cargamos han comenzado como inocentes y mansas terneras.

Un día en la vida de un pesimista

El pesimismo es un gran ejemplo de cómo comienzan a tomar forma muchas de nuestras vacas. Los pesimistas viven en un mundo deprimente y negativo mientras que los optimistas lo hacen en un mundo positivo y lleno de oportunidades. Sin embargo, la verdad es que los dos comparten el mismo universo. La diferencia entre la vida que ellos experimentan y los resultados que obtienen son sólo la consecuencia lógica de sus pensamientos dominantes.

En cierta ocasión, hablando con alguien particularmente negativo, descubrí el origen de su pesimismo —y el de muchas otras personas—. En respuesta a un comentario que le hice sobre su perspectiva un tanto lúgubre, él rápidamente respondió: "No es pesimismo Camilo, yo simplemente estoy siendo realista".

Seguramente tú también ya te habrás encontrado con alguien que ha tratado de convencerte de que sus actitudes negativas no son más que "expectativas realistas". He descubierto que si le preguntas a una persona positiva si es optimista, inmediatamente te dirá que sí. No obstante, si le indagas a una persona negativa si es pesimista, procederá de inmediato a darte numerosos argumentos para justificar que lo suyo no es pesimismo sino simple y llanamente una manera realista de ver la vida.

¿Ves por qué este pensamiento es una vaca? Si aceptas que eres pesimista, negativo y amargado, es posible que, tarde o temprano, decidas que necesitas cambiar dicha actitud y optes por buscar ayuda para hacerlo. Sin embargo, si crees que sólo estás siendo *realista*, lo más probable es que no sientas la necesidad de cambiar. Después de todo, ser realista es tener los pies sobre la tierra y ver las cosas tal como son —o por lo menos eso es lo que los realistas dicen—. No obstante, si observas con cuidado, te darás cuenta que las denominadas "personas realistas" tienden a ser siempre pesimistas y a tener bajas expectativas. Y esto, no sólo les impide ver su propio pesimismo, sino que actúa como un lente a través del cual ven e interpretan el mundo que los rodea.

Es simple, si te pones unos lentes oscuros, todo lo vas a ver oscuro. Si utilizas unos lentes de color verde, todo lo verás verdoso. De la misma manera, los pesimistas tienden a enfocarse en los problemas y no en las soluciones. Ven con mayor claridad sus debilidades que sus fortalezas, y suelen tener expectativas mucho más bajas que la persona exitosa. Su pesimismo es el lente a través del cual observan y evalúan el mundo que los rodea. Y no es que hayan nacido así, su pesimismo es un comportamiento aprendido.

En general, muchas de las emociones y sentimientos negativos que experimentamos ,son vacas que adoptamos a lo largo de la vida y que programamos en el subconsciente de manera voluntaria —ya que nadie nos obligó a hacerlo—, con consecuencias desastrosas. Los pensamientos negativos no sólo te mantienen atado a la mediocridad, sino que poco a poco generan fuerzas y sentimientos nocivos dentro de ti que se manifiestan tanto en estados emocionales dañinos y perjudiciales, como en enfermedades y padecimientos físicos devastadores para la salud: úlceras, males cardíacos, hipertensión, problemas digestivos, migrañas y debilitamiento del sistema inmunológico. Prueba de ello es que las personas pesimistas, aquellas que constantemente se quejan por todo, son las mismas que suelen enfermarse con mayor frecuencia.

Martín Seligman, profesor de la Universidad de Pennsylvania, asevera que los pesimistas sufren un mayor número de aflicciones y enfermedades crónicas y su sistema inmunológico no responde tan bien como el de una persona optimista. En un estudio realizado por la Universidad de Harvard se demostró que aquellos que a los veinticinco años de edad ya poseían una actitud pesimista, sufrían un mayor número de enfermedades serias a los cuarenta o cincuenta años de edad.

¿Qué efectos positivos podemos generar al matar la vaca del pesimismo? Quizás el siguiente estudio revele una parte importante de la respuesta. Una investigación realizada por un grupo de científicos del hospital King's College de la ciudad de Londres, con 57 mujeres que sufrían de cáncer del seno y habían sido sometidas a una mastectomía, encontró que siete de cada diez mujeres que poseían lo que los doctores llaman *espíritu de lucha*, diez años más tarde llevaban vidas normales, mientras que cuatro de cada cinco mujeres que, en opinión de los doctores, *perdieron la esperanza y se resignaron a lo peor*, murieron poco tiempo después de escuchar el diagnóstico. Así que, como ves, muchas de estas vacas no sólo afectan la actitud, sino que nos roban la vida misma.

La buena noticia es que aún si en el pasado permitimos que el medio y la gente a nuestro alrededor nos condicionaran para aceptar la mediocridad, en este momento cada uno de nosotros puede cambiar esta actitud y reprogramar su mente para el éxito. Lo único que debemos hacer es tomar la decisión de cambiar.

La prisión de las falsas creencias

Sin lugar a dudas, las vacas más recurrentes, y las que peores resultados nos traen, son las falsas creencias sobre lo que podemos o no hacer y lograr; limitaciones que nosotros mismos nos encargamos de adoptar acerca de nuestras capacidades, talentos y habilidades. Por ejemplo, si en tu mente reposa la creencia de que no triunfarás porque no contaste con la buena fortuna de ir a la escuela, con seguridad esta idea regirá tus expectativas, decisiones, metas y manera de actuar. Esta falsa creencia se convertirá en un programa mental que, desde lo más profundo de tu subconsciente, regirá todas tus acciones.

Tus creencias determinan tus expectativas, que a su vez influyen en los resultados que obtienes. Las creencias limitantes generan bajas expectativas y producen pobres resultados. Pero ¿cómo llegan ciertas ideas a convertirse en creencias limitantes y logran controlar nuestro destino? Es simple; como verás en el siguiente ejemplo, la persona simplemente saca conclusiones erradas a partir de premisas equívocas que acepta como ciertas. Observa la manera tan sencilla como esto ocurre:

Primera premisa:	Mis padres nunca fueron a la escuela.
Segunda premisa:	Mis padres no lograron mucho.
Conclusión:	Como yo tampoco fui a la escuela, seguramente tampoco lograré mayor cosa con mi vida.

¿Ves los efectos tan devastadores que tienen estas generalizaciones que nosotros mismos nos hemos encargado de crear con el diálogo que ocurre en el interior de nuestra mente? Creamos uno de los círculos viciosos más autodestructivos, ya que entre más incapaces nos veamos nosotros mismos, más inútiles nos verán los demás. Nos tratarán como incapaces, lo cual sólo confirmará lo que ya sabíamos de antemano, que éramos unos buenos para nada.

Sin embargo, el hecho que tus padres no hayan logrado mucho, quizá no tenga nada que ver con que ellos hayan o no hayan ido a la escuela. Inclusive, aunque así fuera, eso no significa que contigo vaya a suceder lo mismo.

A José Luis Ferrer, un joven latinoamericano residente en Australia, siempre le embargó el temor de trabajar en una profesión distinta a aquella para la cual se preparó. A pesar que existía poca demanda para sus habilidades en su nuevo país, el sólo pensar en aventurarse en un campo totalmente diferente para él, era suficiente para crear gran ansiedad y temor acerca del futuro que le esperaba. Por largo tiempo, esta vaca le impidió aprender cualquier disciplina que se encontrara en un área distinta a aquella que estudió. José Luis había caído víctima de la tan conocida vaca: *zapatero a tus zapatos*, que perpetúa la idea de que cada cual debe dedicarse a lo que estudió o aprendió y punto.

Por supuesto que habían otras profesiones y trabajos que le atraían, pero ¿qué iban a pensar sus padres, su familia o amigos si se enteraban que había abandonado su profesión original? Hacer esto era admitir que todos esos años invertidos en sus estudios universitarios habían sido una pérdida de tiempo. ¿Qué iban a pensar los demás si él tomaba la decisión equivocada? ¿Qué sucedería si después de hacer tal cambio descubría que no contaba con las aptitudes y habilidades necesarias para triunfar en su nueva profesión? Todas estas dudas lo mantenían preso, paralizado e incapaz de tomar cualquier determinación. Cabe anotar que esta es una vaca particularmente peligrosa en el mundo actual, ya que según algunos estudios, debido a la globalización, las nuevas tecnologías y la alta competitividad, toda persona debe estar dispuesta a desenvolverse en por lo menos siete áreas distintas a lo largo de su vida profesional.

Afortunadamente, José Luis decidió aceptar el reto de iniciar estudios en un campo totalmente nuevo para él. Hoy, no sólo se ha dado cuenta que realmente ama su nueva carrera, sino que disfruta su profesión más que nunca.

Al igual que José, muchas personas permiten que el miedo a lo nuevo o a lo desconocido les impida actuar. En ocasiones, el temor de aquello que no es totalmente familiar para nosotros, nos roba la oportunidad de disfrutar inclusive de las cosas más básicas. Evitamos probar nuevas comidas, explorar diferentes culturas o tratar nuevos pasatiempos, sin darnos cuenta que el querer "ir siempre a la segura" crea miedos irracionales y limita nuestro potencial de crecimiento.

Es mejor aferrarse a lo que uno conoce, ¿Para qué cambiar lo que está bien? No trate de arreglar lo que no se ha roto o, es mejor malo conocido que bueno por conocer —refrán del que ya hablamos—, son todas, expresiones que buscan disuadirnos de salir de nuestra zona de comodidad. El problema es que muchas veces esa aparente seguridad que nos provee el mantenernos dentro de esta zona cómoda y conocida para nosotros, nos impide realizar importantes cambios profesionales o abandonar relaciones de pareja abusivas, por temor a terminar en peores circunstancias.

Haciendo referencia a las palabras de Charles Dubois, Hannes, un ejecutivo de negocios a nivel internacional que me escribió: "...lo importante es tener la capacidad para dejar de lado lo que *somos* en pos de trabajar en lo que *podemos llegar a ser.* Parece fácil y obvio, sin embargo, lograrlo es con frecuencia muy difícil. En el mundo corporativo, diariamente necesitamos adaptarnos a nuevos retos. Al igual que muchos otros gerentes, yo también me di cuenta que la mayoría de los integrantes de mi equipo de trabajo tenían dificultades para adaptarse al cambio. Con frecuencia escuchaba argumentos como: 'Esta es la forma en que lo hemos venido haciendo. ¿Por qué cambiar ahora?' El problema es que si no aceptamos el cambio como parte de la ecuación, si no nos actualizamos y nos adaptamos, corremos el riesgo de volvernos obsoletos. Cuando nos comprometimos a deshacernos de nuestras vacas organizacionales, nos dimos cuenta que la mayoría de los temores que teníamos con respecto al cambio, eran irracionales y absurdos".

¿Cuál es la lección? Necesitas cuestionarte muchas de las creencias que hoy existen en tu mente, y no aceptar limitaciones sin preguntarte si son válidas o no. Recuerda que siempre serás lo que creas ser. Si crees que triunfarás, seguramente lo harás. Si crees que no triunfarás, ya has perdido. Es tu decisión.

Cuando el conformismo toma posesión de nuestra vida

No debe sorprendernos que mientras encontremos la manera de justificar un mal hábito o una pobre actitud, lo más seguro es que no hagamos nada para cambiarlos. La razón es sencilla: en la medida en que logremos convencernos que, "así son las cosas y no hay nada que podamos hacer" o que algo está "totalmente fuera de nuestro control", no habrá necesidad de tomar ninguna medida para remediar dicha situación.

Las personas utilizan un gran número de justificaciones para explicar su mala salud, una pésima relación, o el pobre trabajo que realizan en la crianza de sus hijos. Muchos nos contentamos con quejarnos y lamentarnos por aquello que nos molesta, pero no hacemos nada para cambiar nuestro comportamiento. En lugar de proceder, buscamos una buena excusa que nos ayude a explicar por qué no podemos actuar.

Para quien busca desesperadamente una manera de justificar ante los demás su pobre salud, cualquier pretexto da lo mismo: "No sabes cómo quisiera cuidarme más, pero simplemente no tengo tiempo", "Los gastos médicos están tan altos que no me puedo dar ese lujo", "Lo que sucede es que yo no confío en los doctores". El problema, obviamente, es que ninguna de estas excusas aliviará sus quebrantos físicos ni mejorará su salud.

Lo mismo suele ocurrir en otras áreas de nuestra vida. Por ejemplo, considera el siguiente razonamiento que algunos padres utilizan en un esfuerzo por justificar el poco tiempo que les dedican a sus hijos: "Yo sé que debería compartir más tiempo con mis hijos, pero la verdad es que llego demasiado cansado del trabajo. Además, trabajo para proveerles una mejor vida y con ello les estoy mostrando que los amo".

A simple vista, parece una justificación real, pero lo cierto es que no es más que una vaca, ya que todos estamos en posición de dedicarles más tiempo a nuestros hijos.

Si esta es tu vaca, sé creativo e ingéniate diferentes maneras para involucrar a tus hijos en tus actividades y compartir más con ellos. Interésate en sus pasatiempos favoritos, habla más con ellos durante las comidas, dedica un tiempo cada noche para preguntarles sobre su día antes que se vayan a dormir, ayúdales con sus tareas y deberes escolares, organiza actividades recreativas durante los fines de semana que te permitan crear una relación de mayor cercanía y amistad con ellos. No basta con satisfacer sus necesidades básicas a costa de privarlos de tu afecto.

Otra excusa que algunos padres utilizan para justificar esta situación es la siguiente: "Lo importante no es la cantidad de tiempo que pase con mis hijos, sino la calidad". ¿Qué te parece esta vaca? Suena tan bien que, literalmente, remueve por completo la necesidad de pasar más tiempo con ellos. Después de todo, mientras estemos convencidos que les estamos proporcionando "calidad" de tiempo —independientemente de lo que esto quiera decir—, "la cantidad" no tiene mayor importancia. ¿Te das cuenta lo peligrosa que es esta vaca? Porque lo cierto es que, en la relación con nuestros hijos, la cantidad de tiempo que pasemos con ellos es tan importante como la calidad.

Cuando escucho a algún padre utilizar la excusa de la "cantidad versus calidad" en referencia al tiempo que emplea con sus hijos, les comparto el siguiente escenario para que establezcan un punto de comparación:

Imagínate que entras a un restaurante con un amigo y los dos piden un filete de pescado. A tu amigo le traen un enorme filete, grueso y jugoso, mientras que a ti te traen uno pequeño que no es ni la quinta parte del que le correspondió a tu amigo. Al hacer el reclamo, el mesero te responde: "Ah, señor, la explicación es muy sencilla, su filete es de mejor calidad". No sé qué responderías en tal situación, pero sin duda, yo le dejaría saber al mesero que para mí la cantidad es tan importante como la calidad y demandaría una porción más grande.

Como padre de tres hijos, he llegado a entender que en la gran mayoría de los casos nuestros hijos siempre aceptarán sin mayores quejas el tiempo que decidamos darles. Si no dedicamos suficiente tiempo para jugar con ellos, por ejemplo, seguramente encontrarán un amigo u otra actividad con la cual distraerse. Si nunca nos hallan cuando necesitan ayuda con sus tareas, simplemente harán lo mejor que puedan por sí solos. Y si no estamos disponibles para ellos cuando estén enfrentando problemas serios o situaciones difíciles, ellos simplemente escucharán a cualquiera que sí esté dispuesto a prestarles atención.

Una cosa es segura, las actitudes, autoestima y carácter que desarrollen nuestros hijos, serán el resultado de la calidad y la cantidad de tiempo que decidamos dedicarles. La elección está entre tener un impacto positivo en ellos que perdure por siempre, o permitir que la vaca del "no tengo tiempo", continúe controlándonos.

Como ves, es fácil apropiarnos de un sinnúmero de vacas que lo único que logran es limitarnos e impedirnos vivir al máximo. ¿Qué hace que un ser humano, voluntariamente, lleve una vaca a cuestas a pesar de saber que esta le priva de llevar una vida plena y feliz? Parece ilógico cargar con algo que va en detrimento de nuestra propia felicidad. Sin embargo, tan absurdo como parece, muchas personas han tomado la decisión consciente de permitir que estas falsas ideas saboteen su éxito.

Un enemigo llamado "promedio"

Alguna vez escuché a un entrenador técnico proclamar con ímpetu a su equipo: "Lo bueno es enemigo de lo extraordinario". Después de reflexionar por un momento acerca de esta idea, logré apreciar la gran sabiduría contenida en esa simple frase. Mientras que estemos satisfechos con ser "buenos" nunca seremos "extraordinarios". Sommerset Maugham, escritor británico de drama y ficción dijo: "Lo interesante acerca del juego de la vida es que si decidimos aceptar sólo lo mejor de lo mejor, generalmente lo conseguiremos". Lo opuesto es igualmente cierto. Aquellos que deciden contentarse con una vida de resultados promedio o una existencia mediocre, generalmente también lo logran.

Muchos no son conscientes de las vacas que llevan a cuestas; otros lo son, pero continúan cuidándolas y alimentándolas, porque estas les proveen una zona de comodidad en la cual la mediocridad es aceptable. Ellos tienen una excusa para cada estación, ocasión, o día de la semana. La culpa de su pobre suerte es de otras personas, de las circunstancias o del destino —mientras haya a quien culpar, todo está bien.

Considera que en ausencia de una vaca que nos ayude a justificar la mediocridad, sólo tendríamos dos opciones: aceptar la total responsabilidad por nuestras circunstancias y cambiar —lo cual nos conduce al éxito—, o aceptar que somos incapaces de controlar nuestra vida y resignarnos —un camino seguro al fracaso—. Si estas fueran las dos únicas opciones, todos tomaríamos la primera: la decisión de triunfar, ya que el dolor asociado con la segunda alternativa es una carga demasiado pesada para cualquiera.

Sin embargo, las vacas agregan una tercera opción a esta ecuación, aún peor que la segunda: nos convierten en personas con buenas intenciones, a quienes infortunadamente la suerte no les ha sonreído —¡Mediocridad!—. Queremos llegar lejos pero no hemos podido; deseamos lograr grandes metas, pero por alguna razón nos ha sido imposible. No se nos presentan las oportunidades que a otros sí; no tenemos buenos genes, no heredamos el talento o no hemos tenido buena fortuna. Y puesto que somos las pobres víctimas de un cruel destino que parece haberse ensañado con nosotros, debemos aprender a contentarnos con lo poco que tenemos.

La mediocridad es peor que el fracaso total. Este al menos te obliga a evaluar otras opciones. Cuando has tocado fondo y te encuentras en el punto más bajo de tu vida, la única opción es remontar —¡Ascender!—. La miseria absoluta, el fracaso total, el tocar fondo, te obligan a actuar. No obstante, con el conformismo sucede todo lo contrario, engendra mediocridad, y esta a su vez perpetúa el conformismo. El gran peligro de la mediocridad es que es soportable, logramos vivir con ella.

Hace algún tiempo escuché una historia que ilustra este punto a la perfección:

Un forastero llegó a la casa de un viejo granjero, y junto a la puerta se encontraba sentado uno de sus perros. Era evidente que algo le molestaba al animal, no estaba a gusto, algo lo tenía irritado ya que ladraba y se quejaba sin parar. Después de unos minutos de ver el evidente estado de incomodidad y dolor que exhibía el animal, el visitante le preguntó al granjero qué le estaría sucediendo al pobre animal.

— No se preocupe ni le preste mayor atención —respondió el granjero sin mostrar ninguna preocupación—. Ese perro lleva varios años en las mismas.

— Pero... ¿nunca lo ha llevado a un veterinario a ver qué le estará sucediendo? Mire que puede ser algo grave —señaló el visitante visiblemente consternado por el lamentable estado del animal.

— Oh no, no hay nada de qué preocuparse; yo sé qué es lo que le molesta. Lo que sucede es que es un perro perezoso.

— Pero ¿qué tiene eso que ver con sus quejas? —sin entender la relación entre su flojera y sus lamentos.

— Ocurre que justo donde está acostado —le explicó el granjero— se encuentra la punta de un clavo que sobresale del piso, y lo pincha y lo molesta cada vez que se sienta ahí; de ahí sus ladridos y quejas.

— Pero... y ¿por qué no se mueve a otro lugar?

— Porque seguramente lo molesta lo suficiente como para quejarse, pero no lo suficiente como para moverse.

Este es el gran problema con el conformismo y la mediocridad: suelen molestarnos e incomodarnos, aunque no lo suficiente como para que decidamos cambiar. ¿Conoces a alguien que esté en esta situación? O acaso ¿es esta tu realidad? ¿Tienes un clavo que te esté molestando y que no te ha permitido alcanzar lo que verdaderamente deseas, pero continuas quejándote de tu mala suerte sin hacer nada al respecto? Si es así, decide hoy mismo deshacerte de todas las vacas que te están robando la posibilidad de vivir plena y felizmente.

CAPÍTULO CUATRO

Vacas de diferentes colores

"*Mi vaca era: 'No quiero empezar hasta no estar totalmente seguro'. Esta vaca me daba la tranquilidad de creer que estaba siendo responsable, pero lo que en realidad hizo fue impedirme realizar numerosos proyectos, esperando el momento propicio, o que se dieran todas las condiciones. Ahora me doy cuenta que si espero las circunstancias ideales para hacer las cosas, nunca emprenderé nada nuevo, así que he aprendido a actuar*".

Daniel, Argentina.

Hace algún tiempo, un viejo amigo que creció en una granja situada en el oeste del estado de Pennsylvania, compartió conmigo la descripción más gráfica y exacta que he escuchado sobre el porqué muchas personas no son conscientes de sus excusas. En un lenguaje digno de todo un granjero me dijo: "El problema Camilo, es que los cerdos no saben que ellos huelen mal" —Supongo que las vacas tampoco—. Creo que su observación no requiere de más explicaciones.

De vez en cuando, alguien se me acerca durante una de mis presentaciones, y con gran seguridad y una sonrisa amplia me dice: "Dr. Cruz, he estado pensando acerca de lo que usted acaba de decir y he llegado a la conclusión de que yo no tengo ninguna vaca". Siempre que escucho esto recuerdo la coloquial expresión de mi amigo el granjero, y procedo a compartir con esta persona algunas ideas para asegurarme que no se le hayan quedado escondidas algunas vacas en algún lugar recóndito de su mente.

Eso es precisamente lo que quiero hacer en este capítulo: compartir contigo algunas de las vacas más comunes que otras personas me han participado. No las menciono para que te las apropies, sino para que aprendas a reconocerlas y te deshagas de ellas, ya que como verás, las vacas vienen en una gran diversidad de colores.

1. Las vacas del "Yo estoy bien":

- Yo estoy bien... Hay otros en peores circunstancias.

- Odio mi trabajo pero hay que dar gracias que siquiera tengo algo.

- No tendré el mejor matrimonio del mundo pero por lo menos no nos peleamos todos los días.

- No poseeremos mucho pero al menos no nos acostamos con hambre.

- Apenas pasé el curso pero siquiera no lo perdí. Quizás es hora de aceptar que no soy tan inteligente como los demás.

El gran peligro con la vaca del "Yo estoy bien" es que quien piensa que está bien y se encuentra a gusto de esa manera, no ve ninguna razón para mejorar su vida. No obstante, recuerda la idea mencionada en el capítulo anterior: el mayor obstáculo para lograr lo extraordinario es contentarnos con lo bueno.

Cuando encuentras cómo justificar tu mediocridad, terminas por aceptar condiciones de vida que jamás hubieras permitido si no contaras con dicha excusa. Para Laura Dante, quien reside en los Estados Unidos, su vaca era: "No puedo dejar este trabajo, empezar de cero nuevamente y arriesgarme a no encontrar nada mejor".

Según ella, este temor la mantenía atada a un empleo mediocre, plagado de problemas y peligros para su salud física y mental. Lo peor de todo era que, después de diez años en aquella empresa, había comenzado a aceptar que quizás ese trabajo sería su futuro para el resto de sus días.

"Cuando me di cuenta que mi vaca era el miedo —dice Laura recordando aquel momento en que tomó una decisión que cambiaría su vida— me convencí que el trabajo que tenía se había convertido en una atadura que no me permitía explorar nuevos horizontes y decidí renunciar. Sabía que si no lo hacía estaría atrapada en aquel callejón sin salida por siempre. No fue fácil tomar la decisión, no estaba 100% segura que fuera la mejor manera de proceder, pero a pesar de todo renuncié.

Fue lo mejor que hice, hoy soy una persona feliz, estoy bien de salud y el estrés que sufría ha desaparecido casi por completo. Pero lo más interesante es que me he dado cuenta que mis temores no tenían ningún fundamento. De hecho, he recibido mejores ofertas de trabajo e incluso logré tomarme un mes de vacaciones, cosa que no había hecho en largo tiempo por temor a tener problemas económicos".

La historia de Laura es un ejemplo de cómo una sola vaca puede generar toda una serie de emociones negativas que pueden paralizarte y sabotear tu éxito. La buena noticia, y quizás la lección más significativa, es saber que cuando te deshaces de tu vaca logras cosechar, no uno, sino múltiples resultados positivos.

2. Las vacas de "La culpa no es mía":

- Mi mayor problema es la falta de apoyo por parte de mi esposo.

- Si mis padres no se hubiesen divorciado, quizás yo no tuviese tantos complejos.

- Mi problema es que mi esposa es muy negativa.

- Es que en este país no hay apoyo para el empresario.

- Yo tengo buenas intenciones pero con esta economía pues... ni modos.

- Lo que sucede es que no tuve profesores que me motivaran para salir adelante.

La vaca que más estorbaba a Luis Fernando Vanegas, un joven empresario colombiano, era creer que necesitaba el apoyo incondicional de su familia para salir adelante. "Siento como si siempre hubiera estado sometido a la voluntad de mis padres, familiares y amigos —dice Luis Fernando refiriéndose al hecho de que muchas de sus vacas fueron obsequios de otras personas—. Siempre que iba a comenzar un proyecto, estaba seguro de recibir las críticas, consejos y sugerencias —vacas— de estos 'expertos'".

"No sea torpe, ¿cómo va a dejar ese trabajo que tiene para aventurarse a algo nuevo? No sea desagradecido, piense en todas las personas desempleadas que hay. ¿Cómo va a mantener a sus hijos? ¿Usted qué sabe de negocios? Es mejor un trabajo aburrido que no tener empleo.

¿Se imagina recibir todas estas vacas de manera constante?

Yo siempre había querido tener mi propio negocio. Pero como si no fuera suficiente con todas las vacas que recibía de mi entorno, tenía una situación que pudo convertirse en el peor de todos los obstáculos: tenía *un trabajo aceptable* —una vaca mayor— que me proveía estabilidad, un buen salario y un jefe inigualable. Sin embargo, mis aspiraciones eran mucho mayores a lo que ese empleo me brindaba, así que maté a mi vaca y me lancé a crear mi propia empresa, haciendo oídos sordos a las críticas de los demás.

Todo salió mejor de lo proyectado, al punto que muchos de los mismos amigos que quisieron disuadirme de empezar esta aventura, ahora me animan a seguir adelante y expandir la empresa. Supongo que hay cosas que nunca descubrirás a menos que tomes ciertos riesgos".

3. Las vacas de las falsas creencias:

- Como mi papá era alcohólico, con seguridad yo también voy para allá.

- Yo no quiero tener mucho dinero porque la riqueza corrompe.

- Entre más tiene uno, más esclavo es de lo que adquiere.

- Como no fui a la universidad seguramente no lograré mucho en la vida.

Estas suelen ser vacas muy peligrosas, ya que las falsas creencias son mentiras que por alguna razón hemos aceptado como verdades.

Después del gran éxito de su película *Rocky*, durante una entrevista que le hicieron al actor Sylvester Stallone, le preguntaban acerca de una frase en particular en la película. En esta escena Rocky dice: "Mi padre, quien la verdad no era demasiado inteligente, solía decirme: 'Como Dios no te dio mucho cerebro, vas a tener que aprender a utilizar el resto de tu cuerpo'".

Stallone, quien escribió el guión para la película, decía que esto fue algo que él mismo escuchó de su padre muchas veces, y que por muchos años lo frenó para ver su verdadero potencial. Él cuenta que sólo comenzó a triunfar cuando logró deshacerse de esa creencia limitante y empezó a confiar en sí mismo.

Curiosamente, en esta misma escena, Adriana, su futura esposa en la película, le responde: "Mi mamá solía decirme lo contrario: 'Como Dios no te dio mucho cuerpo vas a tener que aprender a utilizar el cerebro'".

Creer en sí mismo no es más que darnos cuenta de potencial que se encuentra en nuestro interior, declararlo, aceptarlo y comenzar a utilizarlo. Eso es precisamente lo que espero que tú hagas al leer este libro. Las falsas creencias nos condenarán a la mediocridad si permitimos que crezcan y se desarrollen sin que las cuestionemos. Si creemos que valemos poco o que no merecemos mucho, ten la seguridad que la vida se encargará de permitir que recibamos exactamente lo que creemos merecer. Cuando desechamos esta idea y reconocemos nuestro valor real todo comienza a cambiar.

Roxana Reyes, una joven costarricense que me escribió después de leer el libro, no creía que mereciera el trato que recibía de su pareja. "Cuando leí que las vacas no eran personas, creí que mi caso era la única excepción. La actitud negativa de mi pareja —con quien llevaba poco menos de un año— me causaba mucho daño. Mi autoestima estaba muy baja en esa época.

Finalmente, comprendí que la verdadera vaca era creer que me hallaba condenada a esta relación, así que decidí terminarla y seguir adelante. He decidido nunca volver a conformarme con menos de lo que creo merecer".

4. Las vacas del perfeccionismo:

- Me gustaría hacer más ejercicio, pero lamentablemente no hay gimnasios cerca de donde vivo.

- No quiero empezar nada nuevo hasta no estar totalmente segura que podré dar el 100%.

- Quisiera leer más, pero no tengo tiempo, y para hacer algo a medias mejor no hacerlo.

- No he querido comenzar hasta que no sepa cómo hacerlo perfectamente.

Siempre he creído que el perfeccionismo es una de las peores vacas que existen. La razón es muy simple, es una de esas vacas que vienen disfrazadas de virtud, lo cual la hace parecer más un don que un mal hábito.

Escucha como suena la vaca del perfeccionismo:

"¡Si vamos a hacer algo, o lo hacemos bien o mejor no hacemos nada...! ¡Esa es la clase de persona que yo soy!"

¿Quién va a discutir con eso?

Por el contrario, esta afirmación suena a persona responsable, a entrega y excelencia. El problema es que usualmente termina convirtiéndose en una excusa que nos limita y nos paraliza, ya que nunca parecemos estar totalmente preparados para actuar con el grado de perfección que desearíamos.

La única manera de matar esta vaca es entendiendo que para aprender a hacer algo bien debemos atrevernos a comenzar cuando aún no tenemos ninguna experiencia. En otras palabras, el verdadero dicho debe ser: "Si vamos a hacer algo, vale la pena comenzar a hacerlo aunque sea rudimentariamente hasta que aprendamos a hacerlo bien, pero empezar a hacerlo ya mismo, con lo que tenemos hoy".

José Miguel Rodríguez, quien me escribió desde México, se considera una persona perfeccionista. "Siempre exijo calidad en todo, en las cosas que compro, los servicios que contrato y el comportamiento de las demás personas. Y con quien soy más exigente es conmigo mismo, aunque siempre demandé el mismo nivel de excelencia de mi esposa y mis hijos. En una época, llegué a presionar tanto a mi hijo para que hiciera todo tan perfecto que la única retroalimentación que recibía de mí eran mis regaños, críticas y comentarios ásperos sobre sus faltas y errores. Todo esto comenzó a afectar nuestra relación, ya que yo lo mantenía en un constante estado de estrés.

Finalmente comprendí que no necesito de la vaca del perfeccionismo para que mis hijos entiendan la importancia de hacer todo con excelencia. Ellos han comenzado a aprender por sí mismos que nunca deben contentarse con la mediocridad y esa es la mejor lección de todas".

5. Las vacas de la impotencia:

- Lo que sucede es que yo nunca he sido bueno para eso.

- Seguramente el éxito no es para todo el mundo.

- Lamentablemente, mi gordura es un problema genético. No hay nada que yo pueda hacer.

- Lo que uno no asimila de niño es muy difícil aprenderlo de adulto.

- Mi problema es que soy muy tímida. Creo que esto es de familia ya que mi madre también era así.

La gran mayoría de las limitaciones que creemos tener son ideas absurdas acerca de nuestras propias habilidades. Uno de los primeros testimonios de superación que recibí después de la publicación de la primera edición de este libro fue de Rodrigo, un joven que me escribió desde Argentina para compartir su historia personal de éxito. Es posible que su vaca no parezca tan significativa o trascendental para alguien que esté buscando sobreponerse a una adicción, o tratando de dejar una relación abusiva, pero quiero compartirla porque creo que es un gran ejemplo de lo que sucede cuando permitimos que la vaca de la impotencia tome control de nosotros.

La vaca de Rodrigo era: "Soy un pésimo bailarín —según él, bailar no era una de sus habilidades naturales—. Después de leer el libro me di cuenta que a menos que hiciera algo, mi destreza para el baile nunca iba a mejorar. Así que tomé la decisión de registrarme en una clase de salsa, un ritmo totalmente nuevo para mí. Debo confesar que las primeras clases fueron bastante incómodas. Me tomó un tiempo relajarme y soltar las piernas, pero una vez lo hice, comencé a disfrutar esta actividad como nunca pensé que fuera posible. Ahora creo que lo hago bastante bien".

Si algo debe enseñarte la historia de Rodrigo es a no aceptar ninguna limitación sin cuestionarla.

En cierta ocasión estaba hablando con un grupo de jóvenes sobre este tópico, y para asegurarme que la idea quedaba totalmente clara, le pregunté a uno de ellos qué tan bueno era él con los lanzamientos desde la línea de tiro libre. Sin siquiera pensarlo, él respondió: "No, no yo. Yo no soy bueno para el básquetbol".

— ¿Has jugado mucho? —le pregunté intuyendo su respuesta.

— No. ¡Nunca!

— Entonces cómo sabes que no eres bueno para eso. A lo mejor tienes una habilidad natural para ello, o es posible que sea mucho más fácil de lo que piensas.

Todos entendieron la idea. No podemos asumir que no somos buenos para algo, simplemente porque nunca lo hemos hecho. Sólo aprendemos y adquirimos experiencia cuando hacemos, no cuando pensamos en hacer, planeamos hacer o hablamos sobre lo que debemos hacer, sino cuando hacemos. La única manera de matar la vaca de la impotencia es actuando, convirtiéndonos en personas de acción.

Cuando estaba escribiendo esta sección, y pensaba acerca de Rodrigo y de su pobre destreza para el baile, o en el joven estudiante que no confiaba mucho en sus habilidades para el básquetbol, me encontré con un proverbio que creo, es la raíz de muchas de nuestras bajas expectativas. A pesar de su cinismo, este proverbio inglés nos deja ver cómo aquellos que no están dispuestos a asumir riesgos y permiten que la vaca de la impotencia los ciegue ante su propio potencial. Dice: *"Es mejor permanecer callado y dejar que los demás piensen que somos unos tontos, que hablar y borrar toda duda al respecto".*

Lo trágico acerca de esta idea, por supuesto, es que asume que no tenemos ningún talento; que nada bueno va a resultar de intentar, y que lo único que vamos a lograr es hacer el ridículo y quedar mal ante los demás. Esto era lo que no le permitía a Rodrigo actuar, hasta que finalmente decidió deshacerse de su vaca y decir: ¿Y por qué no?

6. Las vacas filosofales:

- Lo importante no es ganar sino competir —¡Qué vaca!

- Si Dios quiere que triunfe, Él me mostrará el camino. Hay que esperar con paciencia.

- ¿Qué le vamos a hacer? Unos nacieron con buena estrella y otros nacimos estrellados.

- El problema en esta empresa es que no es lo mucho que uno sepa sino a quien conozca. Y yo sé mucho pero no conozco a nadie.

- El rico siempre es más rico y el pobre siempre es más pobre.

Yo las llamo vacas filosofales porque son un extraordinario ejemplo del esfuerzo tan grande que los seres humanos realizamos para asegurarnos que nuestras excusas no suenen demasiado a... excusas.

Conozco a alguien que constantemente usa la famosa vaca: *No es lo que uno sepa sino a quién conozca.* Él utiliza con frecuencia esta excusa para justificar porqué no ha ascendido rápidamente en su trabajo. Y esta idea no le deja ver que quizás la verdadera razón es que no se ha preocupado por mantener sus conocimientos profesionales al día, o que nunca toma la iniciativa para realizar actividades que estén fuera de la descripción de su puesto de trabajo, o que siempre es el primero en salir de la oficina todas las tardes. Para él, su estancamiento profesional es el resultado de no conocer a las personas apropiadas en su empresa y de no tener ningún "padrino" que le ayude a ascender.

A Carla Ceballos, una joven salvadoreña, su vaca *lo importante no es ganar o perder sino competir*, no le parecía una mala filosofía de vida. Y es que, a menos que la examines con cuidado, esta vaca tiene rasgos nobles. Sin embargo, ¿te imaginas las implicaciones de cargar con ella?

¿Cómo lograrás aprender a utilizar tu potencial al máximo si piensas que no hay mayor diferencia entre ganar o perder? En cierta ocasión, un asistente a una de mis charlas me reconvino por el hecho de hacer tanto énfasis en la importancia de triunfar. Lo curioso es que su reproche encontró la aprobación de otros — no me sorprendió ya que en nuestra sociedad no todos ven con buenos ojos la actitud de querer triunfar y ser cada vez mejor—. Recuerdo que entonces decidí preguntarle a la audiencia: "Si lo importante no es en realidad ganar o perder, ¿a cuántos de ustedes no les molestaría demasiado perder en el juego de la vida?" Sobra decir que ninguna persona levantó la mano, ni siquiera la que había hecho el comentario.

¿Si ves? Si todo lo que estamos perdiendo es una partida de ajedrez, quizás eso no tenga mayor importancia, pero cuando son tus sueños y tu felicidad los que se encuentran en juego, no creo que deberíamos aceptar tan tranquilamente la posibilidad de perder.

El mayor problema con este tipo de ideas es que una vez que las aceptamos en cualquier área, pronto tendemos a adoptarlas en otras áreas. Además, antes de apurarnos a adoptar cualquier idea o doctrina, debemos considerar la fuente de la cual provino. Quién crees tú que fue la primera persona que utilizó el famoso: *lo importante no es ganar o perder sino competir*. Supongo que un perdedor. Sin lugar a dudas, esta idea es un monumento a la mediocridad.

Sin quererlo, Carla había caído víctima de una vaca que le daba el consuelo de saber que el verdadero mérito estaba en haber intentado algo, lo cual, como ella misma lo anota: "Limitaba mi esfuerzo y espíritu de lucha". Hoy Carla ha matado su vaca del conformismo. Cuando los resultados no son los que ella espera, lo intenta de nuevo, cambia de estrategia, pide ayuda o hace lo que sea necesario para lograr los objetivos que se ha propuesto. ¡Bravo!

7. Las vacas del autoengaño:

- El día que decida dejar de fumar, lo dejo sin ningún problema. Lo que sucede es que no he tomado la decisión.

- No es que me guste dejar todo para el último minuto, lo que ocurre es que yo trabajo mejor bajo presión.

- Yo no soy gordo, simplemente soy de contextura gruesa.

- No creo que esté abusando físicamente de mis hijos, lo que ocurre es que en estos días hay que tener mano dura para criarlos bien.

- ¿Cuál alcoholismo? Son sólo unos tragos de vez en cuando.

¿Encuentras un denominador común entre todas esas expresiones? Todas ellas son maneras de engañarnos a nosotros mismos, haciéndonos creer que todo está bajo control, que no tenemos ningún problema o que si existe, es algo menor o que está fuera de nuestro control. Muchas de estas excusas reflejan una falta de voluntad para eliminar malos hábitos como el cigarrillo, el alcoholismo, la drogadicción o comer compulsivamente.

Desde México, Carmen Martínez nos cuenta cómo para ella su problema era la gordura. Para evadir esta realidad, Carmen se había inventado toda una serie de vacas que la ayudaban a no sentirse tan mal: "Yo no soy una persona obesa, sólo un poquito pasada de kilos", "Lo mío es genético", "No hay nada que pueda hacer, vengo de una familia gorda y por lo tanto esa es mi tendencia".

Sin embargo, ninguna de estas justificaciones lograba hacerla sentir mejor. Carmen entendió que mientras tuviera a quien o a que echarle la culpa por su gordura, no iba a perder los kilos necesarios para sentirse bien y gozar de un mejor estado físico. Así que decidió actuar.

"Decidí eliminar esa vaca para siempre y hoy estoy haciendo natación y gimnasia acuática. También estoy comiendo de forma balanceada y sé que lograré mi objetivo. Me siento mejor físicamente y estoy segura que pronto luciré como yo quiero."

Vacas a la carta

A lo largo de todo el libro he compartido algunas de las más de diez mil historias que recibí de personas que finalmente eliminaron sus vacas. Ellas quisieron que su experiencia personal de superación les sirviera de ejemplo a otros y accedieron a que estas fueran publicadas con su nombre y país de origen. No obstante, muchas otras prefirieron permanecer anónimas, pero igualmente deseaban que su decisión de matar sus vacas sirviera de inspiración a otras personas. Por eso he querido terminar este capítulo compartiendo algunas vacas más, enviadas por latinoamericanos residentes en distintas partes del mundo; vacas que murieron como resultado de la lectura de esta metáfora.

Espero que estas historias te motiven a deshacerte de tus propias vacas y a vivir libre de limitaciones.

Vaca mexicana: "Yo cargaba con la terrible vaca del 'no me merezco tener nada'. Una vaca que había heredado de mi madre. Ella nació pobre, vivió pobre y siempre será pobre. Mi padre, por el contrario, nació pobre, pero se superó muchísimo, lo cual, como era de esperarse, siempre creó muchos conflictos entre ellos. Mis hermanos y yo crecimos pensando que lo mejor era no aspirar a tener mucho. Este año, después de matar mi vaca de la pobreza, compré un automóvil, obtuve un crédito para la compra de una casa nueva y estoy considerando iniciar un negocio. Me aterra pensar que esta vaca me pudo mantener atada a la pobreza toda mi vida".

Vaca española: "Por alguna razón, siempre creí que el destino era algo que le sucedía a uno y sobre lo cual no tenía ningún control. Después de leer esta historia he comprendido que soy el dueño de mi destino, que tengo capacidad de elegir en cualquier momento. Esto me ha permitido ser más tolerante en mis relaciones personales, disfrutar mi presente a plenitud y encarar el futuro con una visión más optimista".

Vaca estadounidense: "Mi vaca era mi buena posición laboral. Un trabajo que cualquiera envidiaría. Sin embargo, a pesar que ya no me entusiasmaba, durante un largo año cargué con las siguientes vacas: 'Pero si este es el mejor trabajo', '¿Qué más quiero?', 'Aquí está mi futuro'. Sin embargo nada de esto me llenaba y cada vez me sentía más vacía interiormente. Un buen día, cansada de cargar con estas vacas, decidí renunciar a mi empleo y empezar mis estudios de postgrado, algo que siempre había soñado hacer. Hoy, estoy aprendiendo inglés y tengo frente a mí un futuro lleno de posibilidades y, por supuesto, me ocupo de continuar matando las demás vacas que van apareciendo en el camino".

Vaca japonesa: "Soy extranjera viviendo en un país extraño para mí. Uno de mis mayores obstáculos ha sido el no dominar aún el idioma. Algunas personas a mi alrededor me dicen que ya es tarde para aprenderlo y que, dada esta limitante, lo mejor es trabajar en lo que sea para sobrevivir. Después de leer el libro me doy cuenta que yo acepté esta vaca por no llevarle la contraria a mis mayores y por evitar problemas con mi familia. Esta historia es una joya que me ha ayudado a reflexionar mucho acerca de cómo sacar a relucir a la persona que en verdad soy".

Vaca puertorriqueña: "Curiosamente, mi vaca —el alcoholismo de mi padre— no era en realidad mía, era una vaca adoptada. Sin embargo, este vicio de mi padre me hizo crecer con muchos complejos. Siempre lo culpé a él por mis fracasos. Afortunadamente me di cuenta a tiempo que el único responsable por mi vida soy yo. Decidí asumir esa responsabilidad, dejar de buscar culpables por mis caídas y salir tras mis metas".

Vaca ecuatoriana: "Yo era de las personas que solía decir: 'Fumar no me hace adicta, yo este mal hábito lo dejo cuando quiera, lo que pasa es que no he tomado la decisión de dejarlo. Eso es todo'. Esa era mi vaca. Pero no era así. La verdad es que todos los días encontraba una excusa para no hacerlo. Después de leer esta historia entendí que la vaca del autoengaño me estaba proporcionando la falsa idea de que yo tenía el control. Afortunadamente, encontré la fuerza necesaria para dejar esta adicción y ya llevo un par de meses sin fumar".

Vaca venezolana: "La vaca de la falta de tiempo, es sin lugar a dudas, una de las más comunes. Siempre que dejaba de hacer algo importante, afirmaba que era por falta de tiempo. Esta vaca me robó un gran número de oportunidades que me pasaron de largo. Maté mi vaca aprendiendo a planear y programar bien el día. De esta manera realizo todo aquello que deseo y necesito hacer. Como resultado de esta decisión, hoy gozo de la paz interior y la tranquilidad de saber que he llevado a cabo aquellas actividades prioritarias en mi vida".

Vaca colombiana: "Mi vaca era bien específica: '¡Yo no sirvo para las ventas! Soy ingeniera; eso fue lo que estudié y es en lo que siempre me he desempeñado'. Esta vaca no había sido mayor problema hasta que se presentó una excelente oportunidad en el departamento de ventas de la empresa donde trabajaba. Sin embargo, hablé con el gerente y le informé que estaba dispuesta a aprender lo que fuera necesario. Y a pesar de mi inexperiencia en el área comercial, acepté el reto de esta nueva posición. Hoy, no sólo he descubierto que soy excelente para las ventas, sino que creo que encontré mi verdadera vocación".

Recuerda que lo único que tienen en común todas las vacas a las cuales nos hemos referido en este capítulo, es que perpetúan el conformismo y te mantienen atado a la mediocridad. Matar tus vacas comienza por eliminar todas estas expresiones de tu vocabulario y sobre eso tú tienes control absoluto. Es tu decisión.

CAPÍTULO CINCO

Mamá, ¿de dónde vienen las vacas?

"Siempre supe que necesitaba hacer más ejercicio, pero invariablemente encontraba una excusa para no hacerlo. Mi favorita era: 'No tengo tiempo'. Con frecuencia me hallaba explicándoles a otros sobre cómo mi horario, mi escuela y otras actividades sociales, consumían cada minuto de mi día —aunque sabía que estaba exagerando—. Contaba con toda una colección de vacas muy creíbles: 'No es que yo sea totalmente sedentaria; no tengo cómo pagar la membresía de un gimnasio; estoy tan fuera de forma que antes de comenzar tengo que ir al médico para que me sugiera una rutina de ejercicio segura...' Finalmente me di cuenta que sólo me engañaba. Al decir que no tenía tiempo para el ejercicio estaba anunciando que mi estado de salud no era una prioridad lo suficientemente importante como para incluirla en mi lista diaria de actividades. Me sentía cansada constantemente, así que decidí matar esta vaca y sacar el tiempo. Ahora, después de varios meses de caminar, montar en bicicleta e ir al gimnasio, tengo más energía, he perdido peso, y lo más importante, me siento bien conmigo misma, no sólo por el ejercicio, sino por haber tenido el valor de deshacerme de mis excusas y mantenerme firme en mi decisión".

Helen, Canadá

Nunca es nuestra intención dedicar toda una vida al cuidado y mantenimiento de las vacas que otros nos han regalado, o aquellas que hemos recogido a lo largo del camino. Tampoco adoptamos deliberadamente actitudes y comportamientos mediocres con el único propósito de hacernos daño. Tan absurdo como suena, la gran mayoría de las excusas y creencias limitantes que adoptamos, son el resultado de intenciones positivas. Detrás de todo comportamiento, sin importar qué tan autodestructivo sea, subyace una intención positiva con nosotros mismos. No hacemos nada simplemente por causarnos daño sino porque creemos que, de alguna manera, obtenemos un beneficio de ello.

La persona cuya vaca es: *"El día que decida dejar de fumar, lo dejo sin ningún problema... Lo que sucede es que aún no he tomado la decisión de dejarlo"*, utiliza esta forma de autoengaño para proteger su baja autoestima y ocultar su incapacidad para deshacerse de su adicción. Su vaca le da la sensación de estar en control y la resguarda de tener que ver que es el mal hábito quién la controla a ella. ¿Te das cuenta del peligro de una vaca como esta? Literalmente cargas con ella toda tu vida, sin sentirte mal por tu impotencia, ni hacer nada para remediar la situación.

Como esta, muchas otras creencias limitantes que arrastramos con nosotros, son el resultado de buenas intenciones. Las utilizamos para salvaguardar la autoestima. Una de ellas es la tan común idea de: *yo no sirve para esto*. No te imaginas el número de personas para quienes esta idea se ha convertido en una respuesta casi automática, ya sea en el trabajo, la escuela o el hogar.

¿Te suenan familiares algunas de las siguientes conversaciones?

— Carla: José, haz una presentación de cinco minutos frente a la clase sobre el tema que prefieras.

— José: No, por favor, cualquier cosa menos eso. Soy pésimo hablando en público. Soy muy tímido.

* * *

— Jorge: Mónica, llama a este cliente y le informas sobre nuestro nuevo producto.

— Mónica: No, yo no sirvo para esas cosas. Soy terrible para vender. Eso no es lo mío.

* * *

– Amanda: Bueno Carlos, tú estarás encargado de escribir el informe.

– Carlos: ¿Estás bromeando? Yo tengo *cero* habilidades para escribir. Toda mi vida he sido malo para eso.

Lo más triste es que muchos de los que aceptan sus debilidades con demasiada prontitud, lo hacen sin saber a ciencia cierta si son reales o no. Hace un par de años, durante una presentación que realizaba en Venezuela, conocí a Francisco, uno de los asistentes a la conferencia, donde participarían más de cinco mil personas. Recuerdo que tuvimos la oportunidad de departir antes del evento sobre algunas de las debilidades que en ocasiones nos limitan. Con obvia dificultad, me confesó que su extrema timidez no le permitía hablar cómodamente en público ante un grupo, por pequeño que fuera, y que la posibilidad de superar esta gran limitación era lo que lo había motivado a atender la charla.

Según Francisco, la ansiedad y el temor eran tan fuertes que comenzaba a sudar inmediatamente, no lograba enfocar sus pensamientos y en ocasiones no era capaz de pronunciar una sola palabra. Y aunque estos casos son algo inusual, para quienes los sufren, suelen representar una vida llena de torturas y frustraciones.

Después de escucharlo, le dije que necesitaría su ayuda un poco más tarde, y aunque no le expliqué de qué se trataba, él accedió con gran amabilidad. Sin entrar en más detalles, le solicité que se sentara en la primera fila durante el evento.

Unos minutos después de haber comenzado mi presentación anuncie que iba a necesitar un voluntario de la audiencia. Algunas personas levantaron rápidamente la mano, pero inmediatamente llamé a Francisco, quien sin duda alguna, pensó que estaba viviendo su peor pesadilla. ¿Cómo me atrevía a llamarlo frente a toda esta gente después de lo que me había confesado sólo unos minutos antes? Con gran dificultad caminó los pocos metros que lo separaban del escenario. Debo confesar que sentí algo de compasión al verlo así, pero estaba seguro que era la única manera de ayudarlo a matar su vaca.

Mi objetivo era demostrar el poder de la persuasión con un simple ejercicio, para lo cual le pedí a él que hiciera una presentación sobre su negocio y sus ambiciones profesionales frente a toda la audiencia.

Empezamos despacio. Su primer intento fue terrible. A duras penas pude escucharlo yo, que me encontraba a sólo unos pasos de distancia, así que estaba seguro que la audiencia ni siquiera se había percatado de que Francisco ya había empezado a hablar. El segundo intento no fue mucho mejor que el primero, aunque fue lo suficientemente audible como para que produjera un murmullo general y algunas risas que se hicieron sentir en todo el auditorio. Como estaba seguro que esto no había hecho mucho por fortalecer su confianza, decidí darle algunas ideas para inyectar un poco más de entusiasmo en su presentación. Vino otro intento, un par de sugerencias más, y una cuarta oportunidad.

Lo que sucedió después fue poco menos que milagroso. Diez minutos más tarde, Francisco, quien por más de cincuenta años había sido víctima de una timidez excesiva, estaba riéndose, haciendo bromas con la audiencia y realizando una presentación sobre su empresa que generó una multitud de aplausos. Incrédulos, muchos de los espectadores no se explicaban cómo era posible que tal cambio hubiese ocurrido en el transcurso de sólo unos minutos.

Después del evento, tuve la oportunidad de compartir impresiones nuevamente con Francisco. Obviamente emocionado, lo único que fue capaz de decirme fue: "No tenía ni idea que esa capacidad se encontraba dentro de mí".

¿Cómo es posible que interioricemos creencias tan limitantes y nunca nos detengamos a examinar si tales juicios son reales o no? ¿Cómo llegamos a convencernos de poseer ciertas debilidades y desventajas que, después, como en el caso de Francisco, descubrimos que no son ciertas? ¿Cómo se apoderan de nuestra mente estas absurdas ideas de lo que podemos o no hacer?

Es increíble la manera tan sencilla y casi inconsciente como nos adueñamos de estas excusas. La persona aprende a hacer bien una tarea, una profesión o un oficio. Disfruta haciéndolo, desarrolla un talento especial para ello y después de algún tiempo piensa: "Para esto es para lo que yo sirvo".

¿Te das cuenta lo que acaba de suceder? Al llegar a esta conclusión y admitirla como cierta, la persona sin quererlo comienza a pensar que quizás ese es su único talento, su llamado en la vida, su verdadera y única vocación. Asume que en ninguna otra área podrá ser tan efectiva como en ésa y deja de intentar el desarrollo de otros talentos e inteligencias. Comienza a ofrecer todo tipo de excusas —vacas—, encuentra múltiples razones —más vacas— para tratar de explicar sus limitaciones y hace afirmaciones tales como:

- Yo siempre he sido así.

- No nací con talento para dicha profesión.

- Yo no tengo el cuerpo ni las habilidades que se requieren para ese   deporte.

- Yo nunca he sido buena para eso.

- Mi problema es que yo no poseo la personalidad adecuada.

Y así, inadvertidamente, esa persona crea limitaciones que no le permiten expandir su potencial. Sin embargo, la verdadera dificultad está muy lejos de ser física, congénita o de personalidad. El problema real son los programas mentales que ha guardado en el archivo de su subconsciente y que actúan como mecanismos de defensa que la ayudan a salvaguardar la imagen que tiene de sí misma. No obstante, todas son vacas, porque, aunque no es que crea que es un "bueno para nada", llega a convencerse de que sólo es buena para una cosa y que lo demás es algo para lo cual no posee ningún talento. Su vaca de: *para esto es para lo que yo sirvo* le da cierta tranquilidad, ya que le deja ver que por lo menos para una cosa es buena. Y para reforzar aún más esa idea, repite con frecuencia que *no todo el mundo puede ser bueno para todo*.

No obstante, la verdad es que todos tenemos la capacidad de ser buenos para muchas cosas a la vez. Muchas más de las que estamos dispuestos a aceptar. Sin embargo, nunca lo descubriremos si antes no matamos nuestra vaca de *para esto es para lo que yo sirvo*.

De acuerdo con el doctor C.R. Snyder, profesor de Psicología Clínica de la Universidad de Kansas, en los primeros años de formación escolar, cuando los niños empiezan a preocuparse sobre lo que los demás piensan de ellos, comienzan a asociar la crítica con el rechazo. De esta manera adquieren el hábito de dar excusas en un esfuerzo por proteger su ego y su autoestima.

A lo mejor, cuando tenías seis años te pidieron que pasaras a recitar un poema frente a la clase y tu profesor se rió, o algunos compañeros se burlaron de ti, lo cual, como es de esperarse, te hizo sentir mal y desde ese momento dejaste de recitar frente a otras personas o de hablar en público. De esta manera evitabas pasar por más vergüenzas frente a tus compañeros de clase y te escapabas a las críticas de los demás.

Después de muchos años de permitir que esta vaca creciera y engordara en el establo de tu mente, llegaste a aceptar que hablar en público no era una de tus aptitudes, que simplemente no tenías el talento para hacerlo. Y cuando escuchas que no eres el único afligido por este mal, te da tranquilidad saber que no estás solo.

Hoy, con cuarenta o cincuenta años de edad, cuando alguien te pide que realices una breve presentación en tu trabajo o que hables cinco minutos del proyecto en el cual estás trabajando, respondes: "Mira, pídeme que haga cualquier otra cosa: si deseas lo escribo y lo imprimo, o si quieres me encargo de toda la investigación necesaria, pero no me pidas que me pare frente a toda esa gente —que a lo mejor no son más de seis personas— y hable, así sólo sean cinco minutos, porque en ese campo mis habilidades son *cero*".

Es posible que lleves más de treinta años sin intentar hacerlo, pero asumes que tus aptitudes para esto deben ser las mismas que cuando tenías seis años, lo cual es absurdo, por supuesto. Así permitimos muchas veces que una vaca que se encuentra en nuestra mente desde hace muchos años y que hoy posiblemente ha perdido toda validez, nos diga qué podemos hacer y qué no.

Lo que quiero que entiendas es que muchas de las limitaciones que cargas actualmente no son físicas, ni tienen que ver con tu capacidad mental, tus dotes o tu talento, sino con creencias limitantes que, en su mayor parte, son ideas erróneas acerca de tu verdadero potencial y de lo que te es o no posible.

Recuerda que toda idea errada que mantengas en tu subconsciente por largo tiempo y que valides con tus acciones, funciona como una forma de auto hipnosis. Esto es precisamente lo que le impide a muchas personas triunfar. A través de esta manera de autosugestión han archivado en su mente una serie de falsas creencias e ideas que, quizás en cierto momento tuvieron alguna validez, pero ya no. Sin embargo, como aún no han sido desechadas, continúan ejerciendo su efecto limitante desde lo más profundo de su mente subconsciente.

Ten presente que te convertirás en aquello en lo que pienses constantemente. He ahí el riesgo de permitir que pensamientos equívocos y errados encuentren cabida en tu mente. La buena noticia es que tú decides qué entra y que no.

CAPÍTULO SEIS

Cuando nuestras vacas son obsequios de otras personas

"Toda mi vida he estado rodeado de personas que han buscado influir en mis decisiones personales. En principio uno entiende que ellas desean lo mejor para uno. El problema es que sus consejos se convierten en reproches, sus reproches en críticas y sus críticas en vacas que no te dejan salir adelante. En ocasiones la situación llega al punto que literalmente debes alejarte de ellas. Por esta razón decidí mudarme a otra ciudad. Suena un tanto drástico, pero llega un momento en que tienes que decidir si vas a escuchar a los demás o vas a aceptar un 100% de la responsabilidad por tus decisiones. Mis amigos piensan que estoy loco, pero ya estoy empezando a ver los cambios positivos que vinieron como resultado de esta decisión".

Enrique, Estados Unidos

*S*eguramente habrás escuchado el viejo adagio que dice: *a caballo regalado no se le*
mira el diente. Este popular refrán que nos recuerda
que no debemos andar mirando defectos ni ser ma-
lagradecidos con aquello que nos regalan, tiene sus
orígenes en el hecho que mirando los dientes de un
caballo se calcula su edad y presuntamente su valor. Y
pese a que esta es una práctica común al comprar un
caballo, hacerlo con uno que te estén obsequiando se
considera imprudente. Después de todo, es un regalo.
Deberíamos aceptarlo con agradecimiento y sin ninguna clase de cuestionamientos.

Hasta ahí todo va bien, a menos que lo que quieran
regalarte sea una vaca.

Al buscar de dónde provienen muchas de nuestras
vacas, he hallado que una gran cantidad son obsequios
que hemos recibido de otras personas. Después de
todo, ¿qué es lo que más le gusta regalar a la gente?
—Te voy a dar un minuto para que lo pienses— Si res-
pondiste: "Consejos", acertaste.

Todos amamos dar consejos gratuitamente, inclusive cuando no nos los han solicitado. Si no lo crees, la próxima vez que te encuentres con un grupo de amigos, compárteles alguna idea sobre un nuevo proyecto que estás pensando realizar y observa lo que sucede.

Si hay seis personas presentes, recibirás seis opiniones distintas acerca de tus planes, acompañadas de sus respectivas recomendaciones y consejos personales —así en ningún momento hayas solicitado su opinión—. Cada una de ellas quiere hacerte un regalo: obsequiarte un trozo de su extensa sabiduría con las mejores intenciones. Es su manera de mostrarte todo lo que te aprecian y cuánto les interesa que triunfes en lo que sea que vayas a emprender.

Sería ofensivo rehusarse a aceptar sus sabios consejos. De manera que haces lo único admisible en tales circunstancias: escuchas con paciencia. Sin importar qué tan poco informados, calificados o totalmente errados sean sus consejos, tú haces lo que cualquier amigo haría en la misma situación, oyes con cortesía y pretendes estar interesado en sus puntos de vista y sus "críticas constructivas".

Sin embargo, ten mucho cuidado. No te sorprenda que en algún momento, a lo largo de la conversación, algunas de estas opiniones no calificadas comiencen a tener sentido. De repente, ya no estás tan seguro de tu plan, te creas alguna confusión y hasta comienzas a dudar de tus propias habilidades. Treinta minutos más tarde, tus amigos, conocidos o inclusive perfectos extraños, se han marchado y tu plan de éxito yace en el suelo hecho trizas.

Media hora antes estabas totalmente seguro de tu plan de acción y tu capacidad para llevarlo a cabo. Sin embargo ahora, no dejas de pensar en los pronósticos pesimistas y las bajas expectativas que tus amigos sembraron en tu mente. Y entre más te empeñas en ignorarlos, más sentido parecen cobrar. En el *establo* de tu mente subconsciente, ahora hay seis nuevas vacas que no existían antes.

No hace mucho tiempo, me ocurrió algo muy similar a lo que acabo de describir. Por supuesto, yo ya he aprendido a no recibir ningún "caballo regalado" sin asegurarme de mirarle el diente antes. Aquella vez compartía con un amigo un nuevo proyecto en el cual estaba a punto de embarcarme cuando de repente él me interrumpió abruptamente y me dijo: "Camilo, sé que no me estás preguntando, pero déjame darte un consejo".

— ¡Un momento! —anteriormente hubiese escuchado sin interrumpir—Antes que me digas cualquier cosa, déjame asegurarme de algo.

— Bueno, ¡pregunta! —respondió mi amigo, un tanto sorprendido por mi rápida reacción— Así que procedí con mi estrategia de las tres preguntas, la primera de las cuales es:

— El consejo que me vas a dar, ¿es producto de tu experiencia personal en este campo? —mi razón para indagar a este respecto es que muchas veces hablamos como si tuviésemos experiencia en lo que estamos diciendo cuando en realidad es sólo el producto de fragmentos de conversaciones y recuerdos vagos de ideas que alguien más nos compartió—. Sólo si la respuesta es afirmativa paso a la siguiente cuestión:

— ¿Tuvo tu experiencia resultados positivos? —Algunos comparten sus fracasos, frustraciones y desengaños como si contuvieran grandes enseñanzas, lo cual no siempre es cierto—. Si la persona pasa esta segunda prueba, prosigo con la última consulta:

— ¿Estás seguro que la experiencia que estás a punto de compartir me ayudará a afrontar mejor este proyecto? —Es importante que el otro sepa que lo que está a punto de expresar tiene la posibilidad de influir significativamente en mi visión y expectativas— Tristemente, el interés de muchos no es ofrecer un consejo pertinente y provechoso, sino contaminar nuestra mente con dudas, sarcasmos o prejuicios que no sirven a ningún propósito. Quizás fue esto lo que dio origen a aquella sabia sentencia que indica que *si no tenemos nada bueno que decir es mejor no decir nada.*

Después de escuchar los tres interrogantes, mi amigo lo pensó por un minuto y luego dijo:

¡Olvídalo!

Es posible que pienses que fue un poco rudo de mi parte no permitirle que diera su opinión o expresara sus ideas. Después de todo, pude prestarle atención en silencio, aparentando estar interesado, e ignorar sus consejos posteriormente. Sin embargo, no voy a asumir el riesgo de exponer mi mente a las opiniones y expectativas negativas de los demás.

El peligro está en que una vez esa idea ha sido plantada en tu mente, te conviertes en su esclavo. Es como una pequeña semilla que cae en el jardín del subconsciente. No le prestas atención porque no crees que te vaya a hacer ningún daño, pero si germina, y resulta ser una idea errada e imprecisa a la que le has permitido que crezca y se desarrolle, propagará temores, dudas e inseguridades que afectan tu visión, expectativas y creencias acerca de tus propias habilidades. Puede llegar inclusive a arruinar tu vida. Por eso debes tener cuidado, no sólo con lo que dices, sino también con lo que escuchas. Nunca te expongas a ideas negativas, creyendo que estás siendo un oyente pasivo y que lo que escuchas no te está causando daño alguno.

De hecho, la gran mayoría de las vacas que hoy nos atan a la mediocridad comenzaron como ideas, aparentemente inofensivas, que nos fueron obsequiadas por otros. Con frecuencia caemos víctimas de las influencias negativas de los demás porque aceptamos sus críticas y opiniones negativas sin cuestionamientos, y así permitimos que siembren en nuestra mente falsas creencias que nos limitan física, emocional e intelectualmente.

Estas ideas, que nos llegan de padres, profesores, familiares, amigos e, inclusive, de perfectos desconocidos, terminan por hacernos creer que somos personas sin mayores habilidades o talentos, y no seres con capacidades extraordinarias. Por ello hoy nos resulta difícil creer que poseemos el potencial necesario para triunfar y alcanzar grandes metas.

Otro tipo de idea, igualmente devastador, es cuando permitimos que las experiencias negativas del pasado determinen nuestro futuro. Por supuesto que es importante aprender de los errores, pero no debemos permitir que los fracasos y las caídas del pasado cierren para siempre las puertas de la oportunidad de éxitos futuros. ¿Qué importa que hayamos fracasado cinco veces en nuestros intentos por lograr una meta? Lo único que eso significa es que ahora conocemos cinco maneras de no volverlo a hacer. No es que el universo esté conspirando para que desistamos. No es el destino ensañándose con nosotros, ni es nuestra "característica" mala suerte. Recuerda que el éxito es la consecuencia de las buenas decisiones y éstas son el resultado de la experiencia, que muchas veces se deriva de las pobres decisiones. Todo es parte del proceso; la clave del éxito es no darte por vencido.

Este es quizás uno de los principios de éxito más importantes que he aprendido: el futuro no tiene por qué ser igual al pasado. Siempre estamos en posición de cambiar, aprender y crecer. Todos tenemos la capacidad de darle un vuelco total a nuestra vida en cualquier momento. Nadie está condenado a la mediocridad. Si hemos fracasado en el pasado, eso no quiere decir que siempre vayamos a fracasar.

No debemos olvidar que todo lo que programemos en la mente determinará si triunfamos o fracasamos. Las creencias, valores y convicciones que recojamos a lo largo del camino y reforcemos con nuestras acciones, forjarán la persona en la cual nos convertiremos. Tristemente, cuando la mayoría de nosotros nos graduamos de la escuela secundaria, ya hemos sido programados casi totalmente para la mediocridad. Sé que suena un tanto áspero, pero es cierto.

En su libro *Aprendizaje acelerado para el siglo XXI*, Colin Rose y Malcolm J. Nicholl presentaron los resultados de un estudio que mostró que más del 82% de los niños que entran a la escuela entre los cinco y los seis años de edad, tiene una gran confianza en su habilidad para aprender. Sin embargo, a los 16 años el porcentaje que aún muestra este mismo nivel de confianza en sus propias habilidades se ha reducido a tan sólo el 18%. Es inconcebible que durante los años de formación escolar, cuando deberíamos desarrollar nuestro potencial al máximo, adquiramos tantas limitaciones y falsas creencias acerca de nuestras propias habilidades. Lo peor de todo es que de ahí en adelante nos acompaña una tendencia casi inalterable a aceptar la mediocridad en todas las áreas de nuestra vida.

"Tengo una relación infeliz, pero yo creo que así deben ser todas las parejas", "Quisiera empezar una nueva carrera, pero ya estoy demasiado viejo para cambiar. Además, jamás hice otra cosa", "Tengo un pésimo estado físico, pero según escucho en los medios, así está la mayoría de las personas". Estas y muchas otras expresiones denotan una aceptación de la mediocridad como alternativa viable.

Terminamos por aceptar relaciones que andan más o menos bien, en lugar de buscar una relación de pareja extraordinaria, ya que desde jóvenes hemos aprendido que los matrimonios extraordinarios no existen, son casi imposibles o, si se dan, otra cosa seguramente andará mal. Y así, muchas parejas viven durante años y hasta décadas, en matrimonios mediocres porque no creen que puedan cambiar esa realidad.

He aquí otro ejemplo. Si desde temprana edad escuchábamos en casa que querer ganar mucho dinero era señal de codicia y producía infelicidad y que lo más prudente era contentarse con lo poco que uno tenía, porque *es mejor tener poco y ser feliz, que querer tener mucho y ser infeliz*, pues no nos debería sorprender que hoy tengamos apenas lo suficiente para sobrevivir.

La repetición constante de expresiones como estas, pronto las conviertes en programas mentales que nos dicen cómo pensar y actuar. Con el tiempo, estas acciones se vuelven hábitos que poco a poco moldean nuestro destino.

¿Vas a permitir que sean estas vacas las que labren tu porvenir?

Recuerda el hermoso poema de Amado Nervo que dice:

> *"...Porque veo al final de mi rudo camino*
> *que yo fui el arquitecto de mi propio*
> *destino; que si extraje la miel o la hiel de*
> *las cosas fue porque en ellas puse hiel o*
> *mieles sabrosas: cuando planté rosales,*
> *coseché siempre rosas..."*

El mensaje de Nervo es simple: si siembras un pensamiento negativo, cosecharás un pobre hábito. Siembra un pobre hábito y, en el mejor de los casos, cosecharás un futuro incierto.

CAPÍTULO SIETE

Cómo deshacernos de nuestras vacas

"Después de leer La vaca, comencé un proceso de reflexión. Soy profesor y estoy casado desde hace treinta años, tengo tres hijos exitosos: una hija de 29 años, ingeniera química; un hijo de 27 años, oficial de la Fuerza Aérea y un hijo de 15 años que acaba de terminar su educación secundaria. Sin embargo, me he dado cuenta que me preocupé más por mis alumnos que por mi familia. Mi vaca fue creer que ya les había dado a mis hijos lo necesario, en la medida de lo posible, pero olvidé lo más importante, la parte afectiva, el área espiritual, así como darles el tiempo necesario para escucharlos. Esta lectura me enseñó que nunca es tarde para empezar. No sé qué tanto vaya a vivir, pero el tiempo que me quede lo voy a vivir bien, con mi familia y conmigo mismo, porque si no trabajo en mí mismo primero, cómo voy a ayudar a los demás".

Ernesto, México

Empecemos por entender que las vacas no existen en la realidad, sólo están en nuestra mente. Tan reales y ciertas como parecen, no son circunstancias actuales (los problemas de mi empresa son el resultado de la pobre economía), ni limitaciones físicas (lo que me ha detenido de triunfar en los deportes es mi estatura), ni otras personas (mi problema es la falta de apoyo por parte de mi esposa).

Tus vacas son creencias que albergas en tu pensamiento. Pero estas ideas son sólo eso: ideas, no hechos reales y definitivos. Imagínate que tienes el sueño de ser un gran empresario, pero al mismo tiempo piensas que sólo una persona con estudios universitarios tiene la opción de llegar a ser presidente de una multinacional. El que lo creas no lo hace verdad. Ciertamente, tú tienes la opción de creerlo, de hacerlo tu realidad, lo cual, sin duda, afectará tus expectativas, pero estarás viviendo guiado por una mentira, ya que hay miles de ejemplos que demuestran que no es así.

De hecho, no importa que la mayoría de la gente crea que algo es imposible. Eso no significa que no sea realizable: todas estas personas pueden estar equivocadas. Recuerda que por muchos años la inmensa mayoría de los seres humanos pensaba que la tierra era plana. Así que no confundas opiniones con hechos. Además, ten presente que lo realmente importante no es si estas son ciertas o erradas, sino más bien, si te fortalecen o te limitan.

Ahora, examinemos más las tres áreas que mencioné al comienzo del capítulo: las circunstancias, las limitaciones físicas y las demás personas y veamos cuál es la diferencia entre un hecho real y una simple excusa.

Viendo más allá de nuestras aparentes desventajas

Empecemos con las circunstancias. Frecuentemente creemos que los fracasos y frustraciones son el resultado de circunstancias adversas, fuera de nuestro control. Sin embargo, los desastres naturales, los cambios súbitos en las condiciones económicas, las calamidades y tragedias personales, nos presentan retos que forjan el carácter. Aunque todas estas circunstancias también tienen el potencial de convertirse en vacas grandes y robustas.

Lo cierto es que las circunstancias no hacen a la persona —como muchas veces solemos creer—, estas sólo se encargan de dejar al descubierto su verdadero carácter. Todos llevamos en el pensamiento una idea de quienes creemos ser; los problemas y los incidentes difíciles simplemente se encargan de revelarnos y mostrarnos nuestro yo auténtico. Es ahí cuando descubrimos quiénes realmente somos.

Quizá hayas escuchado alguna vez una de las hermosas composiciones de Jorge Federico Handel, uno de los grandes compositores de todos los tiempos. Cuando oigas el resto de la historia, te será imposible escuchar su música sin pensar en ella.

A pesar de no recibir ningún apoyo por parte de sus padres, Handel fue un prodigio musical. A los doce años de edad ya era asistente de organista en la catedral de su ciudad natal. Antes de cumplir veintiún años, ya había compuesto dos óperas y en 1725, a sus cuarenta años era mundialmente famoso.

Fue entonces que las circunstancias comenzaron a cambiar. En varias ocasiones estuvo al borde de la bancarrota, y como si eso no fuera suficiente, sufrió un derrame cerebral que le dejó su brazo derecho paralizado y le causó la pérdida del uso de cuatro dedos en su mano. A pesar que logró recuperarse físicamente, estaba tan deprimido y consumido por las deudas que simplemente se dio por vencido. Dejó de componer y se dispuso a enfrentar un futuro miserable y nada prometedor.

Podríamos decir que, ya sea como resultado de circunstancias desafortunadas o decisiones poco acertadas, Handel se hizo a un gran número de vacas que lo habían condenado a una existencia mediocre. No obstante, en el punto más bajo de su vida, cuando estaba devastado física, emocional y financieramente, le fue ofrecida la oportunidad de escribir la música para un nuevo libreto basado en la vida de Jesucristo.

Handel tenía la opción de negarse con un simple: "Estoy terminado" o "Es demasiado tarde". Tenía la alternativa de utilizar cualquiera de los muchos pretextos que estaban a su alcance para justificar el no hacer nada. Sin embargo, en lugar de optar por el camino más fácil, tomó la decisión de no permitir que las circunstancias adversas continuaran dirigiendo su vida. En otras palabras, decidió matar la vaca que lo había mantenido atado a la mediocridad. Con renovado entusiasmo comenzó a escribir nuevamente. Un mes más tarde ya había terminado un manuscrito de 260 páginas. Lo llamó: *El Mesías*; no sólo su obra más conocida, sino que, en opinión de muchos, el oratorio más hermoso que jamás se haya compuesto.

La lección es simple: o nos convertimos en víctimas de las circunstancias adversas que estemos enfrentando, o triunfamos a pesar de ellas. Es nuestra decisión.

Cuatro minutos que le dieron alas al hombre

Ahora hablemos de las limitaciones físicas. En mis presentaciones cito con frecuencia el siguiente ejemplo, ya que ilustra perfectamente este punto.

Durante más de cinco décadas de competencia olímpica, ningún atleta se había acercado a la marca impuesta en 1903 para la carrera de la milla. En aquella ocasión, Harry Andrews, entrenador olímpico del equipo británico profetizó: "El récord de la milla de 4 minutos, 12.75 segundos, nunca será superado". Esta marca había sido impuesta por el corredor británico Walter George en 1886, y por los siguientes 17 años, ningún atleta se acercó a menos de dos segundos de ella.

Existían aún menos posibilidades de correr algún día dicha prueba en menos de cuatro minutos. De acuerdo a muchos, esa era una hazaña imposible de realizar.

Los deportistas escuchaban de los llamados "expertos" una multitud de razones que respaldaban a la afirmación hecha por Andrews. Inclusive la comunidad médica advertía a los atletas sobre los peligros asociados con intentar la absurda proeza de correr una milla en menos de cuatro minutos.

Fue sólo hasta 1915 que finalmente cayó el récord que se había mantenido por 29 años. Sin embargo, la nueva marca de 4 minutos, 12.6 segundos estaba aún muy lejos de los cuatro minutos. De hecho, quien más cerca estuvo fue Gunder Hägg, de Suecia, quien en 1945 cruzó la línea en 4 minutos, 1.3 segundos. Este nuevo resultado se sostendría por casi una década. Los mejores atletas del mundo llegaron muy cerca de esta marca, pero ninguno logró superarla. ¿Por qué? Nadie creía que fuese posible. Los médicos y científicos concluyeron que era físicamente imposible para un ser humano pretender correr una milla en menos de cuatro minutos, que el cuerpo no soportaría tal esfuerzo y que el corazón literalmente explotaría.

Todo cambió el día en que el joven corredor británico Roger Bannister hizo un anuncio público: él correría la milla en menos de cuatro minutos.

En realidad, la decisión de lograr tal hazaña era algo que le venía dando vueltas en su cabeza desde hacía ya dos años. En 1951, Roger capturó el título británico en la carrera de la milla y sintió que estaba preparado para la competencia olímpica. Infortunadamente, cambios de último minuto en el horario de las competencias de los Juegos Olímpicos de 1952 lo forzaron a competir sin suficiente descanso entre sus dos eventos y terminó en cuarto lugar. Como era de esperarse, el joven atleta debió soportar todas las críticas de la prensa deportiva británica, la cual tildó su estilo de entrenamiento como poco ortodoxo por su pobre actuación.

Al ver la multitud de críticas de las que fue objeto, el joven atleta resolvió reivindicar su nombre anunciando públicamente que rompería la aparentemente imposible barrera de los cuatro minutos. Todo el mundo pensó que había perdido los estribos: la prensa deportiva, la comunidad médica, ¡todos!

Su oportunidad llegó el seis de mayo de 1954, después de varias caídas y decepciones, en una carrera en la Universidad de Oxford, donde Bannister corría en representación de la asociación británica de atletas aficionados. Ese día logró lo imposible: corrió la milla en menos de cuatro minutos y sobrevivió. El mito se había roto —una vaca acababa de morir—.

Cuando la noticia le dio la vuelta al mundo algo sorprendente sucedió: en menos de un año, 37 atletas superaron esta misma marca. El siguiente año, más de 300 atletas registraron tiempos por debajo de los cuatro minutos. Hoy, inclusive estudiantes de escuela secundaria rompen con facilidad el récord de los cuatro minutos para la carrera de la milla.

Cuando la competencia comenzó, Chris Basher se posicionó rápidamente al frente del grupo, con Bannister pisándole los tobillos y su amigo Chris Chataway en tercer lugar. Llegaron a la media milla en 1 minuto y 58 segundos. Basher comenzó a cansarse, y Chataway aprovechó esto para tomar la delantera. Bannister respondió sobrepasando a Basher para mantenerse en segunda posición. A la altura de los tres cuartos de milla el esfuerzo era casi imperceptible; cuando sonó la campana, anunciando la última vuelta, el cronómetro marcaba, 3 minutos 0.7 segundos, y la multitud comenzó a gritar para alentarlos.

Bannister sabía que si quería lograr su meta tenía que correr la última vuelta en 59 segundos. Llegando a la penúltima curva Chataway continuaba al frente y fue ahí que Roger Bannister aceleró para pasarlo antes de entrar en la recta final. A menos de 300 metros de la línea de meta, ya no corría impulsado por la energía de su cuerpo sino por la fuerza que le daba la meta que se había propuesto. Su mente pareció adueñarse de la situación, haciendo que sus piernas se movieran hacia delante por inercia. Sabía que el momento más importante de su vida atlética había llegado; el mundo pareció detenerse. La única realidad eran los 150 metros que aún le quedaban por correr. Aceleró, empujado por una combinación de miedo y orgullo, animado por los gritos de aliento de la fiel fanaticada de Oxford.

Cuando tomó la última curva y no restaban más que cuarenta metros, ya había gastado todas sus energías pero aún así continuaba corriendo. Lo único que lo impulsaba a seguir era su deseo de triunfar. A sólo cinco metros de la línea de llegada, esta parecía estar alejándose.

En su libro, *La milla de los cuatro minutos*, Bannister describe el increíble esfuerzo que esta meta requirió:

"...Esos últimos segundos parecieron eternos. Los brazos de todo el mundo estaban esperando para recibirme, sólo si lograba llegar a la meta sin *disminuir mi velocidad*. Si fallaba, no habría brazos que me sostuvieran y el mundo sería un lugar frío y esquivo, al haber estado tan cerca de concluir la hazaña. Di el salto final hacia la línea de llegada como quien da su último esfuerzo para salvarse de las garras que tratan de atraparlo. Lo di todo y caí casi inconsciente, con los brazos abiertos a cada lado de mi cuerpo. Sólo entonces fue que comencé a apreciar el verdadero dolor. Sentí que mi cuerpo explotaba; la sangre circulaba precipitadamente por las venas de mis brazos y piernas, que estaban encalambradas. Supe que lo había logrado inclusive antes de oír el tiempo oficial. Había estado demasiado cerca para no lograrlo, a menos que mis piernas me hubieran jugado una mala pasada al final, reduciendo la velocidad sin dejárselo saber a mi cerebro".

El cronómetro tenía la respuesta. Norris McWhirter, encargado de anunciar el resultado oficial por los altoparlantes, bromeó con la audiencia, tomándose todo el tiempo para hacerlo: "...Señoras y señores, aquí está el resultado de la carrera de la milla. Roger G. Bannister, miembro de la Asociación Atlética Amateur y graduado de la Universidad de Oxford, con un tiempo record para esta pista y esta modalidad, ha impuesto un nuevo record mundial para la carrera de la milla. El tiempo oficial es... tres minutos...."

El resto del anuncio se perdió entre los gritos de entusiasmo y algarabía de todo el estadio.

¡Lo había logrado!

La marca de 3 minutos 59.4 segundos, impuesta esa tarde, no duró mucho tiempo. Un mes más tarde el corredor australiano John Landy rompía el récord. No obstante, Bannister tendría la satisfacción de derrotar a Landy en los Juegos Olímpicos de Canadá ese mismo año.

Cuando le preguntaron a Bannister cómo era posible que tantas personas hubiesen aprendido a correr tan rápido en tan poco tiempo, él respondió: "Nada de esto ocurrió porque de repente el ser humano se hiciese más rápido, sino porque entendió que no se trataba de una imposibilidad física sino de una barrera mental". Lo único que hicieron estos atletas fue desalojar de su mente las creencias limitantes —vacas— que los habían detenido para utilizar su verdadero potencial durante más de cinco décadas.

Todos tenemos muchas de estas barreras mentales. Muchos simplemente decidimos deshacernos de ellas en algún momento, con la esperanza de descubrir nuestro verdadero potencial. Tú tienes la opción de hacer lo mismo. Lo único que necesitas es identificar las falsas creencias que te han venido limitando hasta ahora y reemplazarlas por ideas que te fortalezcan y te permitan utilizar el poder que ya reside dentro de ti y que sólo espera ser utilizado para ayudarte a alcanzar tus metas más ambiciosas.

¡Auxilio! Mi vaca es mi marido

Finalmente, examinemos la tercera categoría: las demás personas.

Si piensas que lo que te está deteniendo para utilizar el máximo de tu potencial o alcanzar tus metas es otra persona, estás absolutamente equivocado.

Es indudable que los demás juegan un papel, en ocasiones trascendental, en el logro del éxito. No obstante, ellos no son la fuente de las limitaciones. A pesar que muchas veces quisiéramos creer lo contrario, la gente que nos rodea no es el problema. Un esposo desconsiderado, una madre criticona, un jefe poco placentero o una amiga confusa, no son nuestra vaca. Ellos no tienen la culpa de nuestra mediocridad. El problema real es una falsa creencia, una idea o un concepto errado que involucra a esa persona.

Aclaro esto, porque en una conferencia que realizaba en República Dominicana frente a un grupo de mujeres empresarias, una señora se me acercó y me dijo:

— Dr. Cruz, acabo de confirmar mis sospechas, ya sé quién es mi vaca. ¡Mi vaca es mi esposo!

Inmediatamente proseguí a explicarle que los demás nunca son las verdaderas vacas. Me disponía a darle un ejemplo cuando ella me interrumpió nuevamente:

— Ya sé Dr. Cruz que en la mayoría de los casos las vacas no son personas, pero en mi caso particular estoy totalmente convencida que mi marido es mi vaca.

Le pregunté cómo había llegado a esta conclusión, a lo que me respondió con gran seguridad:

— Hace un año comencé mi propia empresa. Pero no me ha sido posible lograr que mi negocio prospere, y estoy segura que es debido a la falta de apoyo por parte de mi esposo. Él no me apoya en nada, y lo que es peor, ni siquiera me anima para seguir adelante. Estoy convencida que esta es la razón por la cual mi empresa se está yendo a pique...

— ¿Ya ves? Te dije que él no es tu vaca —le dije interrumpiendo lo que prometía ser una larga explicación—. Tu vaca es esa idea que se te ha metido en la cabeza de creer que sin el apoyo de tu esposo no serás capaz de triunfar en tu empresa, lo cual es absurdo.

Al parecer, no le gustó mucho mi respuesta. Es más, ella parecía estar más conforme cuando creyó encontrar el culpable de su fracaso en los negocios, aunque finalmente entendió lo errado de su posición.

Es simple. Tu éxito es 100% tu responsabilidad. Sería fantástico contar siempre con el apoyo y entusiasmo de los demás, pero no es absolutamente necesario. Tu decisión de salir adelante y triunfar no debe depender de que otros resuelvan apoyarte o no. Ya sea que ellos aprueben tus decisiones o que estén entusiasmados con el camino que has escogido, tu decisión de triunfar no puede, ni debe, depender de eso. La única persona que necesita estar entusiasmada con tus metas y tus decisiones eres tú. Si lo que decides hacer con tu vida, depende de que cuentes o no con el apoyo de otros, vas a lograr muy poco. Lo único que requieres para empezar el camino hacia la realización de tus sueños es tu propio compromiso, fe y determinación para triunfar.

¿Ves la enorme diferencia? Para esta señora, su vaca no sólo le proporcionaba una excelente disculpa, sino que la colocaba en el papel de víctima. Cuando caemos en esta trampa solemos escoger uno de los siguientes dos caminos —ambos errados:

Nos damos por vencidos y continuamos viviendo como víctimas, o nos damos a la tarea de tratar de cambiar a quien nos ha negado su apoyo. Buscamos convertirla a nuestra causa, lo cual suele volverse una labor frustrante y agotadora que pocas veces produce los resultados deseados.

Por esto es importante entender de una vez por todas que las vacas sólo existen en el pensamiento. Cuando hablo de matar la vaca, me refiero a eliminar una excusa, cambiar un hábito, modificar un patrón de conducta o establecer un nuevo comportamiento en nuestra vida. En otras palabras, lo que buscamos es cambiar nuestra manera de pensar y actuar, y no tratar de cambiar la forma de ser de los demás. Es más, una de las peores vacas es creer que a menos que otros cambien, tú no podrás triunfar. Recuerda, la única persona a la quien puedes cambiar es a ti mismo.

¿Cómo deshacernos de nuestras vacas? Es simple, lo único que necesitamos hacer es despertar a la realidad de que quizás los programas y creencias que han guiado nuestras acciones y decisiones hasta ahora no son los correctos. Debemos ser conscientes que así hayamos sido programados para aceptar la mediocridad, hemos sido creados para la grandeza; y aunque en ocasiones, subestimamos las habilidades y talentos que poseemos, podemos lograr cosas extraordinarias. Sólo es necesario abrir nuestra mente a la posibilidad de cambiar, crecer, y entender que el futuro no tiene porqué ser igual al pasado; siempre es posible construir un nuevo mañana libre de vacas.

CAPÍTULO OCHO

Cinco pasos para deshacerte de tus vacas

"Desde que tengo memoria, he utilizado el principio de "si vale la pena hacerlo, es mejor hacerlo bien o no hacerlo". Cuando lo leí en este libro, no pensé en ello como si se tratara de una vaca. De hecho, estaba un poco molesta de que se le tildara de excusa. Pero después de continuar la lectura, comencé a darme cuenta que en muchas instancias, realmente yo utilizaba esta frase como una justificación para no actuar. Cuando me fui al Japón, a enfrentar una nueva cultura y un nuevo lenguaje, comencé a estudiar el idioma y llegué a hablarlo y comprenderlo muy bien, pero no me sentía lista para solicitar el trabajo que quería, así que lo pospuse. Luego, quise comenzar mi propio negocio, pero pensé que antes de saltar al ruedo necesitaba conocer mejor las costumbres y forma de hacer negocios y nunca empecé. Después de leer este libro me di cuenta que era víctima de esa vaca. He tomado la decisión de conquistar mis temores y ser la persona que realmente quiero ser".

Mirna, Tokio, Japón

Durante mis presentaciones, cuando le pregunto al público quién de ellos tiene la ligera sospecha que ha venido cargando con alguna vaca, muchos levantan la mano rápidamente admitiendo su culpabilidad. Otros hacen un gesto un poco más discreto reconociendo que hay un problema, pero sin admitir abiertamente ningún error. Y de vez en cuando, algunos le dan un leve pero acusatorio codazo a su acompañante, desviando así la culpa lejos de sí mismos.

Lo interesante y curioso acerca de las vacas es que es mucho más fácil descubrirlas en los demás, que reconocerlas en nosotros mismos. A pesar de la dificultad que tenemos en hallar cualquier falta en nuestra manera de pensar o actuar, tenemos una facilidad extraordinaria para encontrar las fallas de los demás. Sin embargo, el primer paso para deshacernos de las vacas es admitir que las tenemos.

Recuerda que nada sucede a menos que tú actúes. Ser consciente de las excusas, lamentar haberlas utilizado o desear que no existieran, no tiene ningún sentido, si continuamos permitiendo que gobiernen nuestras acciones. Lo único que te permitirá tomar nuevamente el control de tu vida es la acción rápida y decidida. Por ello quiero compartir contigo cinco pasos sencillos que te ayudarán a empezar hoy mismo a deshacerte de tus vacas de una vez por todas. Te aconsejo que busques papel y lápiz, de manera que te beneficies ampliamente de este proceso.

Debo hacerte una advertencia: ninguno de estos pasos es opcional. Algunos de ellos seguramente resultarán difíciles y poco agradables, pero son necesarios. Así que, sé honesto, paciente y firme en tu empeño, y muy pronto comenzarás a notar cómo tu caminar se hace más ligero y la carga más liviana, al liberarte de las vacas que has cargado por tan largo tiempo.

Primer paso: identifica tu vaca

Esto seguramente tomará algún tiempo. Este proceso de autoevaluación es quizá uno de los pasos más difíciles que vas a dar, ya que a pocos nos gusta admitir que debemos cambiar. No esperes que tus vacas salgan de su escondite y se rindan, demandando ser sacrificadas. La realidad es que al ser confrontados con la necesidad de cambiar, muchos de nosotros preferimos defender y justificar nuestra situación presente antes de tener que aceptar que debemos actuar.

Hay dos razones principales por las cuales nos es tan difícil aceptar que estemos cargando alguna vaca. Primero, como ya lo he mencionado en más de una ocasión, es posible que tengamos muchas más de las que estemos dispuestos a admitir. Segundo, muchas personas simplemente no son conscientes del número de excusas, pretextos y justificaciones que utilizan diariamente, pues estas son parte de su naturaleza y ya no les incomoda su presencia. No obstante, si queremos deshacernos de ellas, debemos primero aceptar que las tenemos.

¿Te has dado cuenta cómo las vacas de otros son excusas absurdas que vergonzosamente buscan justificar lo injustificable, mientras que las vacas nuestras son hechos reales que ilustran lo injusto de una situación en la que nosotros somos las víctimas?

Anteriormente mencioné que las vacas sólo existen en el pensamiento. Sin embargo, suelen manifestarse en el lenguaje cotidiano, así como en los hábitos y comportamientos. Por esta razón, este primer paso exigirá que tomes papel y lápiz y deliberadamente te pongas en la tarea de identificar estos pensamientos, expresiones, hábitos y acciones —vacas— que forman parte de tu diario vivir.

A partir de este momento, quiero que mantengas tus ojos y oídos bien alertas a la presencia de cualquier vaca que se insinúe en tu manera de pensar, hablar o actuar. Recuerda que todas ellas vendrán disfrazadas de excusas, justificaciones, pretextos, mentirillas blancas, limitaciones, miedos, evasivas y otro tipo de expresiones que hacen parte de tu vocabulario. Y aunque en ocasiones sea difícil describirlas, siempre las reconocerás cuando las veas. La clave para descubrirlas está en prestar atención a la manera como te expresas externa e internamente. Recuerda que tus palabras y tu diálogo interno tienen la capacidad de programar tu mente subconsciente, influir en tus decisiones y forjar hábitos.

Cuando les pido a las personas que de manera consciente, tomen nota durante el día de las veces que dieron una excusa por cualquier cosa, regresan sorprendidas de la cantidad de pretextos que utilizan constantemente.

Es posible que quieras revisar nuevamente los diferentes tipos de vacas que identificamos en el capítulo cuatro, de manera que las reconozcas fácilmente y ninguna de ellas se te escape o pase inadvertida.

Otra manera de identificarlas es examinando qué áreas de tu vida son susceptibles de mejorar. Digamos que no estás muy contento con los resultados que obtenidos en tu vida profesional. ¿Qué es exactamente lo que no te gusta? ¿Qué es lo que ha originado estos pobres resultados? ¿Crees que ha sido culpa de algo o de alguien más? ¿Qué puedes hacer al respecto? ¿Por qué no lo has hecho aún? ¿Qué decisiones tomarás ya mismo para cambiar esta situación? Todos estos interrogantes seguramente se pondrán cara a cara con algunas de tus vacas en esa área de tu vida. Toma nota al respecto.

He aquí otra sugerencia: ¿te escuchas utilizando algunas de las siguientes expresiones con frecuencia?

- Quisiera hacer esto, pero...
- Perdona el retraso. Lo que sucedió fue que...
- Mi temor es que...
- Si tan sólo tuviera...
- Honestamente, el problema es que...
- Para qué trabajar tan duro, si al final...
- A decir verdad...

Las palabras que vienen después de cualquiera de estas expresiones, seguramente, o son una vaca o están ocultando una. Toma nota de ellas. Decide qué vas a hacer al respecto.

Advertencia: este paso puede ser doloroso. Nadie quiere estar cara a cara con sus propias excusas y debilidades. Sin embargo, para deshacernos de ellas de una vez por todas y evitar continuar siendo sus esclavos debemos tener el valor de mirarlas a los ojos y decirles:

"No voy a permitir que sigas controlando mi vida". Ese es el verdadero reto de este primer paso.

Segundo paso: determina qué creencias limitantes se esconden detrás de cada vaca

Examina tu lista y analiza qué creencias limitantes o juicios errados yacen bajo estas excusas. ¿Por qué se encuentran en tu lista? ¿Quién las puso allí? ¿Dónde las aprendiste? Además, piensa si estas razones son reales o no, si tienen sentido o son irracionales.

Como ya lo mencionara, muchas de nuestras vacas las adquirimos durante nuestros años de formación escolar, durante la niñez y la adolescencia, y las hemos cargado por tanto tiempo que las aceptamos como verdades incuestionables. Sin importar si las adquirimos voluntariamente o permitimos que alguien más nos las obsequiara, toda vaca oculta una idea errada que creemos cierta.

Recuerdo a Iván, un joven ejecutivo que durante el primer paso se dio cuenta que utilizaba constantemente la infame vaca del *no tengo tiempo*. Esta respuesta salía de sus labios automáticamente siempre que le presentaban un nuevo trabajo. Después de examinar más de cerca las situaciones específicas en las que solía utilizar esta expresión, encontró que ella ocultaba un problema aún mayor: esta excusa era una manera fácil de evadir nuevos proyectos.

Algunos fracasos recientes con un par de trabajos, sembraron en su mente un miedo irracional sobre su habilidad para administrar grandes proyectos. Iván no tenía ningún problema con los pequeños, pero le aterraba la idea de aceptar la responsabilidad por el éxito de proyectos mayores. En este caso su vaca no era realmente la falta de tiempo, sino el miedo al fracaso y su propia inseguridad acerca de su capacidad para llevar a cabo dichas iniciativas.

Iván llevó a cabo cada uno de los pasos presentados aquí y fue capaz de eliminar este miedo que había limitado su potencial por largo tiempo.

Así que busca las verdaderas raíces de tus vacas. Si encuentras que cierta excusa, justificación o generalización que utilizas frecuentemente no representa una creencia real en tu vida, elimínala inmediatamente de tu vocabulario. Tan increíble como parezca, este segundo paso te ayudará a deshacerte de la mitad de las vacas que hoy posees.

Tercer paso: haz una lista de los efectos negativos que han traído estas vacas a tu vida

Muchas veces cargamos con ciertas vacas, porque no somos conscientes del gran mal que nos hacen. Es cierto que desde el punto de vista legal, las excusas no son crímenes. De manera que seguramente nunca serás castigado por ofrecerlas. Sin embargo, puedes estar totalmente seguro que tus justificaciones ya se encargarán de castigarte, y la condena siempre será la misma: vivir encadenado a una vida de mediocridad.

Si tú crees que la razón por la cual sufres de sobrepeso y tienes el nivel de colesterol por las nubes es porque "tus padres eran gordos y en tu casa no se prestaba atención a comer de manera saludable", seguramente no te enviarán a la cárcel por creer esto. Pero lo cierto, es que no hay necesidad de ningún castigo adicional, ya que dicha creencia te habrá sentenciado a tener una pobre salud, baja energía y un alto riesgo de una muerte súbita.

Así que durante este tercer paso, haz una lista de todas las consecuencias negativas de utilizar todos estos pretextos. Curiosamente, una inmensa mayoría de nosotros no creemos que ellos nos estén haciendo mucho daño, pero lo cierto es que toda vaca nos limita.

Frente a cada vaca que identificaste anteriormente quiero que escribas todo lo que te ha costado mantenerla. No te quepa la menor duda que estás pagando un precio por ella. Puedes ignorar este hecho o creer que estoy exagerando, pero las consecuencias de tus excusas son un recordatorio costoso de todas las oportunidades perdidas a causa de cargar con ellas.

Mientras trabajaba en ampliar este capítulo, recibí una carta de una persona que leyó la primera edición de este libro —lo llamaré Eduardo— en la que me contaba que durante su niñez, su padre no pasó mucho tiempo con él. Era una persona muy ocupada y sus compromisos y viajes de negocios lo mantuvieron ausente con frecuencia. Eduardo aprendió a aceptar y entender esto; sin embargo, lo que nunca pudo llegar a consentir fue que, aun cuando estaba en casa, su padre era muy distante y estuvo totalmente desconectado de su vida. Él recuerda que nunca destinó tiempo para ayudarle con las tareas, conversar o revolcarse en el suelo para jugar con él antes de irse a dormir.

Por su parte, su padre nunca pensó que sus razones fueran excusas. Eduardo se acuerda de escuchar con frecuencia expresiones como: "Lo siento hijo, pero estoy demasiado ocupado", "Entiende, mi trabajo demanda mucho de mí", "Hoy no tengo ni un minuto libre", "Quisiera tener más tiempo para mi familia, pero..." o su favorita: "Si sólo tuviera una hora más en mi día..."

Hoy, Eduardo está casado y tiene sus propios hijos. Él y su padre, quien cuenta con 72 años de edad, buscan edificar la relación padre-hijo que nunca tuvieron. Su padre sabe que es imposible construir recuerdos de eventos en los cuales nunca participó. No podrá devolverse a las sesiones de tareas de su hijo, a las ceremonias de graduación, a los juegos, a los días de tristeza o de celebración. La realidad es que esos momentos ya se fueron y él no fue parte de ellos. Todo lo que él quiere hacer hoy es acercarse a un hijo que encuentra distante.

Es innegable que las justificaciones de su padre produjeron toda una serie de efectos negativos en su relación con su hijo. Quizás las oportunidades que tú has permitido que te pasen de largo son profesionales o financieras, o de pronto tienen que ver con tu salud o con tu vida familiar. Cualquiera que sea el caso, recuerda que el precio de cargar cualquier vaca generalmente es demasiado alto. Entonces, por doloroso que sea, escribe todas las oportunidades perdidas; identifica los fracasos que han sido el resultado directo de conservar estas vacas; detalla todos los temores irracionales que experimentas de manera cotidiana como resultado de las excusas y justificaciones que has venido utilizando por tanto tiempo.

Si no das este paso, es posible que no sientas la necesidad de deshacerte de tus vacas. Recuerda que quizá las dos fuerzas de mayor motivación son *el deseo de triunfar y el temor al fracaso*. Nuestra vida está guiada, en parte por lo que más queremos, y en parte, por lo que más tememos. Siempre buscaremos hacer aquello que nos produzca placer y evitaremos hacer todo lo que nos provoque dolor. Es más, nuestra mente hará más por evitar dolor que por experimentar placer. Así que a menos que sientas el dolor de estas oportunidades perdidas, no sentirás la necesidad de abandonar tu conformismo y matar tu vaca.

Una vez que hagas la lista de todo el mal ocasionado por la presencia de estas vacas, léela una y otra vez;

siente el dolor de saber que la elección por esta vida de mediocridad ha sido sólo tuya. Interioriza ese dolor, siéntelo en la boca del estómago y entiende que puedes disfrazarlo de mil maneras, ignorarlo por algún tiempo e inclusive, pretender que no existe. Pero mientras no mates tus vacas, siempre estarán ahí. Imagínate cargar con ese dolor por el resto de tus días, ¿tiene sentido? ¿Estás dispuesto a pagar ese precio?

Si quieres deshacerte de esa carga, deja de hablar de lo que no has hecho y comienza a actuar. Las buenas intenciones sólo intensifican la mediocridad. Lo único que te va a permitirte realizar un cambio radical es que tomes hoy mismo la decisión de deshacerte de tus excusas y que actúes de manera inmediata.

Cuarto paso: haz una lista de todos los resultados positivos que vendrán como consecuencia de matar a tus vacas

Quiero que por un momento te des la oportunidad de visualizarte viviendo libre de vacas. Escribe todas las nuevas oportunidades que vendrán como resultado de liberarte de ellas. ¿Qué nuevas aptitudes desarrollarás? ¿Qué nuevas aventuras te permitirás vivir? ¿Qué nuevos sueños te atreverás a soñar y perseguir como resultado de no contar ya más con todas esas excusas que te mantenían atado a la mediocridad?

Escribe todo esto porque lo vas a necesitar. Matar tus vacas no es tan fácil como parece; exige disciplina, dedicación y constancia. En ocasiones te sentirás frustrado, porque caerás nuevamente en los mismos viejos hábitos y deberás levantarte y empezar de nuevo. Esta lista que te pido que realices en este cuarto paso, te servirá de inspiración y motivación cuando te sientas desfallecer. Léela siempre que desees ver cuál es la recompensa que te aguarda por deshacerte de tus excusas, así que llévala contigo en todo instante.

Hace algún tiempo estaba ayudando a una amiga mía a identificar toda las consecuencias positivas de matar su vaca de *no tengo tiempo para ir al gimnasio.* Ella pesaba más de cuarenta libras por encima de su peso ideal, y a pesar de saber lo que esto le estaba costando, no se sentía motivada para hacer lo que sabía que tenía que hacer.

He aquí sólo algunos de los efectos positivos que logramos identificar al llevar a cabo este cuarto paso:

- Tendré más energía y dinamismo durante el día.

- Luciré espectacular y tendré una mejor autoestima.

- No estaré constantemente cansada.

- Tendré una vida larga y saludable.

• Seré mucho más creativa y dinámica en mi trabajo.

Ella fue capaz de identificar más de una docena de razones que le ayudaron a encontrar el tiempo necesario para ir al gimnasio. Estas mismas razones la inspiran y motivan a mantener su compromiso día a día.

Quinto paso: establece nuevos patrones de comportamiento.

Amo trabajar en el jardín. Es una experiencia relajante y revitalizante para mí, particularmente al regreso de un largo viaje de negocios. Hace algún tiempo me ocurrió una *experiencia de jardinería* que desde entonces he venido utilizando para ilustrar la importancia de este quinto paso. En el patio de atrás a un lado de la casa se encontraba una vasija llena de tierra, que algún día fue el hogar de una hermosa planta, pero que hoy simplemente acumulaba todo tipo de maleza y hierbas silvestres. Mi esposa me pidió que le buscara buen uso a esta vasija o me deshiciera de ella.

Como todo buen jardinero apasionado, no dejaría pasar la oportunidad de salvar esta vieja matera, así que decidí hacer los preparativos para sembrar en ella un rosal. Removí toda la maleza, aireé la tierra y agregué los nutrientes apropiados en preparación para la nueva planta. Sin embargo, antes de plantar el nuevo rosal tuve que salir de viaje por unos días.

Dos semanas más tarde, cuando regresé, nuevamente, el recipiente estaba lleno de maleza. No entendía cómo era posible que estas hierbas pudieran crecer tan rápidamente. Así que, una vez más, me dispuse a remover los indeseables invasores y a preparar el terreno para plantar mi rosal esa misma semana. No obstante un viaje inesperado surgió y, nuevamente, debí ausentarme antes de terminar el trabajo.

A mi regreso, descubrí la maleza, una vez más, haciendo su aparición. Así que decidí no dejar pasar un día más antes de plantar el rosal. Finalmente entendí que siempre y cuando la vasija esté desocupada y la tierra disponible, la maleza va a aparecer una y otra vez. Lo único que evitará su regreso es si algo más está creciendo en ese lugar.

Lo mismo sucede con las excusas. La mente se asemeja mucho a aquella vasija. En ella, podemos plantar cualquier tipo de pensamiento que deseemos: sueños o excusas, oportunidades o justificaciones.

Si después de dar todos los pasos que he delineado en este capítulo, logras eliminar tus excusas, malos hábitos o comportamientos autodestructivos, habrás dado un gran primer paso. ¡Felicitaciones! Sin embargo, ten cuidado. Si no siembras nuevas ideas, creencias o comportamientos positivos, ten la seguridad que, poco a poco, tus vacas comenzarán a hacer nuevamente su aparición.

Así que crea un nuevo patrón de comportamiento que te permita responder a estas vacas recurrentes en caso que alguna de ellas vuelva a dar señales de vida. Mantente alerta. Earl Nightingale escribió: "Tú eres el resultado de aquello en lo que piensas la mayoría del tiempo". Si siempre estás pensando en tus excusas, debilidades y limitaciones, ellas se convertirán en tu realidad. Así que asegúrate de no darles la oportunidad de crecer en el jardín de tu mente.

Frente a cada una de tus vacas escribe las acciones específicas que piensas llevar a cabo para deshacerte de ellas y también escribe cómo vas a responder en caso de que volvieran a surgir. Por ejemplo, si tu vaca ha sido la excusa: *yo no sirvo para eso porque ya estoy muy viejo*, de ahora en adelante, cada vez que te sorprendas pensando o diciendo esto, quiero que interrumpas dicho pensamiento inmediatamente, y que digas con firmeza y entusiasmo: "Sé que soy muy bueno para esto. Utilizaré mi experiencia para dominarlo con rapidez".

Si haces esto con todas tus vacas te darás cuenta que en poco tiempo habrás eliminado la mayoría de ellas.

CAPÍTULO NUEVE

Una vida libre de vacas

"Todo lo que he logrado en mi vida se lo debo a la actitud de matar pronto todas las vacas que pretendían detenerme. Soy originalmente de Argentina; cuando llegué a la ciudad proveniente de una provincia, escuché un sinnúmero de pretextos que pintaban un panorama oscuro y temible: 'Vivir en Buenos Aires no es tan fácil como vivir en un pueblo', 'Conseguir trabajo es muy difícil', 'Es casi imposible estudiar y trabajar al tiempo' y una tras otra, maté todas estas vacas. Luego decidí salir del país y tuve que lidiar con todas las vacas de ser inmigrante y perder casi todo lo que tenía, pero lo logré. Hoy soy la madre de dos hijas exitosas y he logrado nuevamente triunfar con mi propia empresa. Me siento muy identificada con el libro y sé que el matar vacas nunca termina".

Adriana, Panamá

¿Cuál es el resultado de vivir libre de vacas? Si le preguntaras a Galileo Galilei, uno de los más reconocidos científicos de todos los tiempos, seguramente él te respondería: "Una vida donde reina la verdad". Si nuestras vacas no son reales, si no son ciertas, como hemos visto una y otra vez a lo largo del libro, vivir bajo su dominio es permitir que una mentira gobierne nuestra existencia.

De la misma manera que muchos de nosotros hemos debido sufrir las consecuencias de cargar con vacas que nos han sido obsequiadas, Galileo debió enfrentar sus propios retos. En su búsqueda por la verdad y su deseo por erradicar la ignorancia imperante, Galileo se puso en la tarea de eliminar una de las "vacas sagradas" de su época. Todo comenzó en sus años de escuela, donde discutía con todos: con sus profesores, con otros estudiantes, con los mismos autores de los libros que leía y, sobre todo, con Aristóteles, el gran filósofo griego quien había muerto casi dos mil años antes.

¿La razón? En esos dos milenios muy poco había cambiado en el campo de la ciencia. Una de las causas de esta falta de progreso y avance era, precisamente, que las teorías de Aristóteles sobre la naturaleza seguían siendo los únicos puntos de vista aceptados en la comunidad científica de su época.

Aristóteles era el único poseedor de la verdad; estaba correcto en todo y ninguno dudaba de la validez de sus teorías. No era necesario realizar experimentos para confirmarlas, ya que ellas hablaban por sí mismas.

Por su parte, Galileo pensaba que admitir ciegamente las teorías aristotélicas era una vaca demasiado difícil de digerir.

Cerca de 1590, mientras enseñaba en la Universidad de Pisa, Galileo decidió probar una de las teorías de Aristóteles —en otras palabras, decidió matar una vaca sagrada—. Él amaba comprobar cualquier hipótesis. Después de todo, esa es la única manera en que las teorías se convierten en leyes. Pero más aún, Galileo quería demostrarles a sus estudiantes y a sus colegas que las proposiciones de Aristóteles no eran totalmente infalibles, y para comprobarlo escogió una de sus teorías más conocidas.

Aristóteles había aseverado que si dejamos caer al mismo tiempo un objeto de diez libras de peso y uno de una libra, el objeto de diez libras caería diez veces más rápido que el de una libra. Durante dieciocho siglos todo el mundo había aceptado esta teoría sin corroborar su validez. Galileo tenía otra opinión al respecto e iba a demostrar que él estaba en lo cierto.

Así que hizo un anuncio a sus estudiantes: "Dos objetos que comienzan a caer al mismo tiempo llegarán al suelo al mismo tiempo, sin importar su peso". Cualquier persona interesada en descubrir cuál era la verdad, estaba invitada a apreciar con sus propios ojos los resultados de esta prueba a la mañana siguiente.

A la hora indicada, sus estudiantes, junto con algunos de sus colegas y un grupo de curiosos ciudadanos, seguían al científico mientras éste se dirigía a la torre de Pisa. Una vez allí, Galileo subió hasta el último piso de la torre con una pesa de diez libras en una mano y otra de una libra en la otra. Abajo, el mundo esperaba ansiosamente.

¿Quién saldría victorioso, el sabio filósofo griego o el joven rebelde de Pisa? Había murmullos y opiniones entre todos los concurrentes —una reacción típica siempre que alguien resuelve matar una vaca—. "Con seguridad Galileo fracasará", "Ese muchacho está loco", "¿Quién sabe más que Aristóteles?"

Galileo se acercó al borde del techo; la multitud dio un paso hacia atrás. El joven científico estiró los brazos, cada una de sus manos sostenía una pesa, dio una última mirada a la multitud y soltó las dos pesas al mismo tiempo. Los dos objetos cayeron rápidamente por el aire y chocaron contra el piso exactamente al mismo tiempo. En unos cuantos segundos, dos mil años de ignorancia fueron erradicados por la verdad. Una nueva era de pensamiento científico había comenzado.

¿Qué sucede cuando decides deshacerte de tus propias vacas? Mucho me temo que tendrás que descubrirlo por ti mismo, de la misma manera que Galileo debió hacerlo. Sin embargo, te prometo que tu vida nunca será la misma. Cuando matas tus vacas aceptas la total responsabilidad por tu éxito y te conviertes en el arquitecto de tu propio destino.

Querer triunfar, tener buenas intenciones y contar con grandes sueños, no son los únicos componentes del éxito. Por cada gran idea que cambió la historia de la humanidad, miles de ideas nunca se materializaron, porque aquellos que las concibieron y quizás desarrollaron un plan para lograrlas, nunca las pusieron en práctica. Esa fue su vaca: la falta de acción.

Así que echa a rodar tus planes. El escritor John Mason dice: "Todos nos estamos moviendo constantemente. Nos estamos moviendo hacia delante, hacia atrás o en una cinta sin fin. El peor error que muchos cometemos es creer que el objetivo de la vida es mantenernos en movimiento". El objetivo no es simplemente estar ocupados, sino asegurarnos que nuestras acciones nos están conduciendo en dirección a las metas y sueños que nos hemos propuesto.

Si has realizado todos los pasos descritos en el capítulo anterior, frente a ti tienes un plan que te permitirá deshacerte de todas las creencias limitantes que te han detenido para utilizar tu verdadero potencial. Lo único que necesitas hacer ahora es poner a trabajar tu plan.

No te detengas a pensar en todos los problemas que surgirán. Muchas personas planean y ensayan su propio fracaso al malgastar una gran cantidad de tiempo presagiando lo peor. Los grandes triunfadores aceptan los riesgos que generalmente acompañan la búsqueda del éxito. Ese valor, ese arrojo, ese entendimiento de que todo gran sueño demanda acción inmediata es lo que diferencia al ganador del perdedor. En el juego de la vida o eres jugador o eres espectador. Los triunfadores son más que simples participantes, ellos están totalmente comprometidos con sus objetivos. No buscan excusas porque saben que estas nada solucionarán. Cualquiera que sea tu vaca, sólo existe una manera de deshacerte de ella: la acción.

No permitas que la vida te pase de largo, libérate de tus vacas y cuídate de no engrosar las filas de aquellos que, en las postrimerías de su existencia, sólo podrán recordar con remordimiento y tristeza todas las oportunidades perdidas.

En cierta ocasión escuché la definición de la palabra infierno, y debo confesar que fue todo lo que necesité para saber que precisaba actuar de manera inmediata. Decía así: "Infierno es llegar al final de nuestros días y encontrarnos cara a cara con la persona en la cual pudimos habernos convertido". Imagínate eso.

Así que hazle frente a todo nuevo reto; desafía las normas convencionales; rompe las reglas del juego. Las preocupaciones, los temores, los miedos y las dudas, no son más que vacas que tratan de robarte tus sueños y mantenerte atado a una vida mediocre. Recuerda que el enemigo del éxito no es el fracaso sino el conformismo.

En mi libro *Los genios no nacen, se hacen*, cito un pensamiento de William James, quien es considerado el padre de la Psicología en Estados Unidos. James dice —seguramente refiriéndose a las vacas:

"Casi todos los seres humanos sienten como si una nube pesara sobre ellos, manteniéndolos siempre por debajo de su nivel óptimo en cuanto a su claridad de pensamiento o a la firmeza en el momento de tomar decisiones". Además, anotaba que, comparado con lo que podríamos ser, es como si sólo estuviésemos medio despiertos. Lo que podemos alcanzar es extraordinario, lo que generalmente obtenemos es vergonzoso. No porque haya algo mal con nuestra mente o no contemos con el talento necesario, sino porque hemos permitido que las limitaciones, las falsas creencias y otro sinnúmero de vacas, trunquen nuestro verdadero potencial.

Así que te invito a que aceptes el reto de llevar una vida libre de vacas, donde todo sueño es posible y los únicos límites son aquellos que tú mismo impones.

FIN

BIBLIOGRAFÍA

R. Bannister. 2004. The Four-Minute Mile: Fiftieth Anniversary Edition. Guilford, CT: Lyons Press.

W. James. 1988. Writings 1902–1910: The Varieties of Religious Experience, Pragmatism, a Pluralistic Universe, the Meaning of Truth, Some Problems of Philosophy, Essays. New York: Library of America.

C. Rose y M. J. Nicholl. 1997. Aprendizaje acelerado para el siglo XXI, Dell Publishing

L. Kamen-Siegel, J. Rodin, M.E.P. Seligman, and J. Dwyer 1991. "Explanatory Style and Cell-Mediated Immunity in Elderly Men and Women." Health Psychology 10 (4): 229–35.

J. L. Mason. 1990. An Enemy Called Average: 100 Inspirational Nuggets for Your Personal Success. Tulsa, OK: Insight Publishing Group.

E. Nightingale. Sitio web oficial: www.earlnightingale.com.

C. Peterson, M.E.P. Seligman, and G. E. Vaillant. 1988. "Pessimistic Explanatory Style Is a Risk Factor for Physical Illness: A Thirty-Five-Year Longitudinal Study." Journal of Personality and Social Psychology 55 (1): 23–27.

C. R. Snyder, PhD, et al. 2005. Excuses: Masquerades in Search of Grace. Clinton Corners, NY: Eliot Werner Publications.

C. R. Snyder, PhD. 2002. "Making Excuses." Disponible en la Internet: (www.essortment.com/all/makingexcuses_ruud.htm).

B. Tracy. "Success in Life!" Blog. Disponible en la Internet (http://elearning power.com/blog).